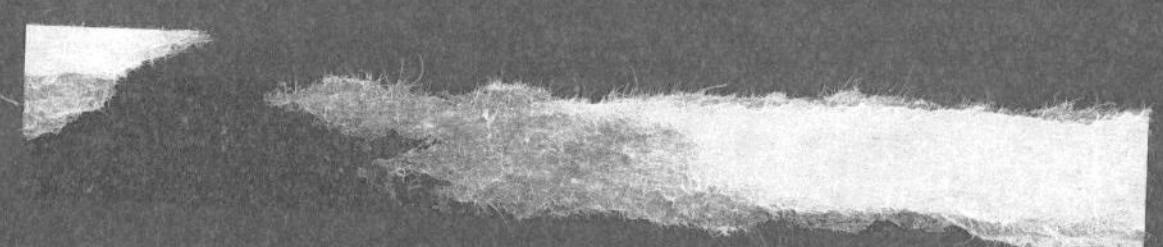

Sebastian Kusenberg

playing life

jovis

Sebastian Kusenberg

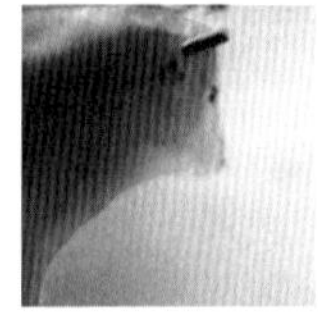

playing life

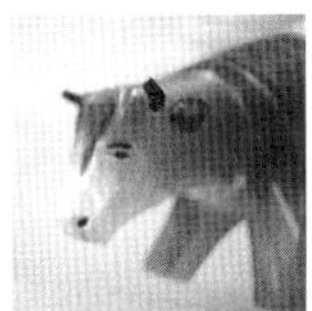

jovis

Bekannte Fremdkörper

Bekannte Fremdkörper
– kleine –
mich
begleiten

....

gucken
wohin schauen
aufblicken
herabblicken
erobern
zu Hause sein
Mikrokosmos, Makrokosmos
überall
nie allein (oder doch?)
warum in die Ferne schweifen
Küßchen, Küßchen
Hoch die Tassen
cool
und   bang   (007)
kleiner Freund
und große Tiere
reglos treiben
umdrehen
Luft anhalten
Kopf über
Kopf oben

einfach schweben
und zusammenstoßen

Der große Wind
wirbelt

springen
schwingen

who is who?

It's me   Ich bin's
so what   na und
we see   wir gucken zu

Endlich mal Pause

dann ins Museum

Meet a friend

or two

or three

or four

Eines Tages   (ich möchte gerne)

egal, was die anderen sagen

wird es weiter geh'n

kleine Bekannte

Sebastian Kusenberg
im November 1997

Familiar but strange

Familiar but strange
– little ones –
go with
me

....

look
look where
look up
look down
conquer
be at home
microcosm, macrocosm
everywhere
never alone (or are they?)
why go afar
kiss, kiss
raise the cups
cool
and   bang   (007)
little friend
and big animals
drifting motionless
turning
holding breath
head over heels
head up

just float
and bang together

the great wind
swirls

jumping
vibrating

who is who?

it's me
so what
we see

a break at last

then off to the museum

meet a friend

or two

or three

or four

One day   (I'd like)

whatever the others say

we'll meet again

small friends

Sebastian Kusenberg
november 1997

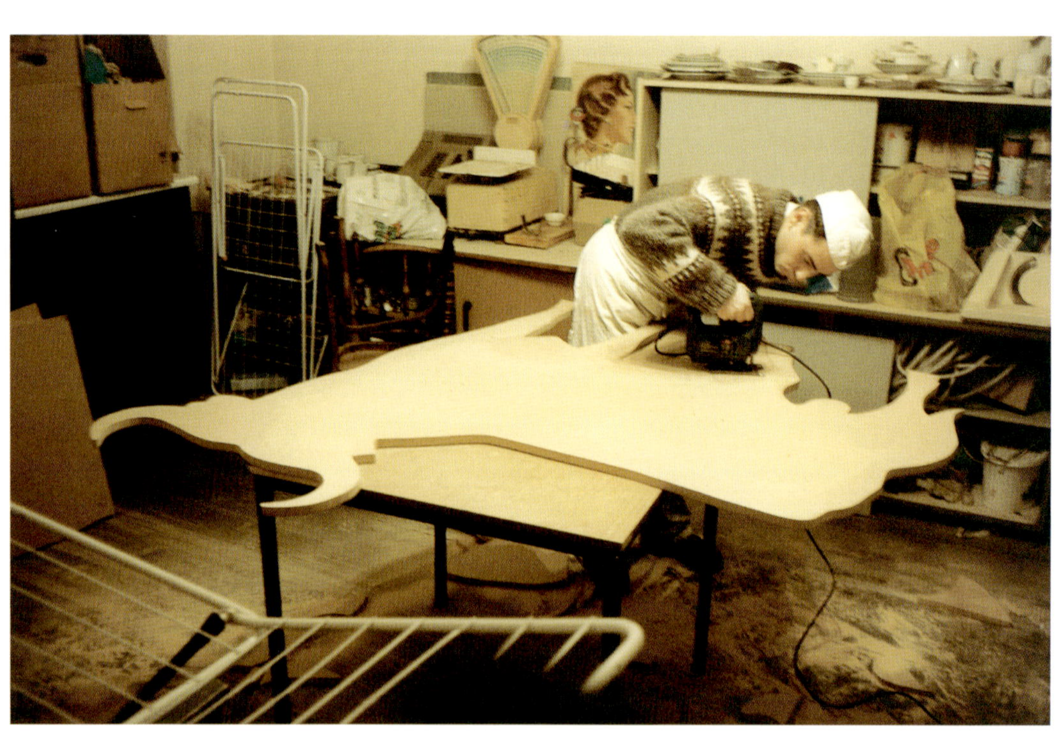

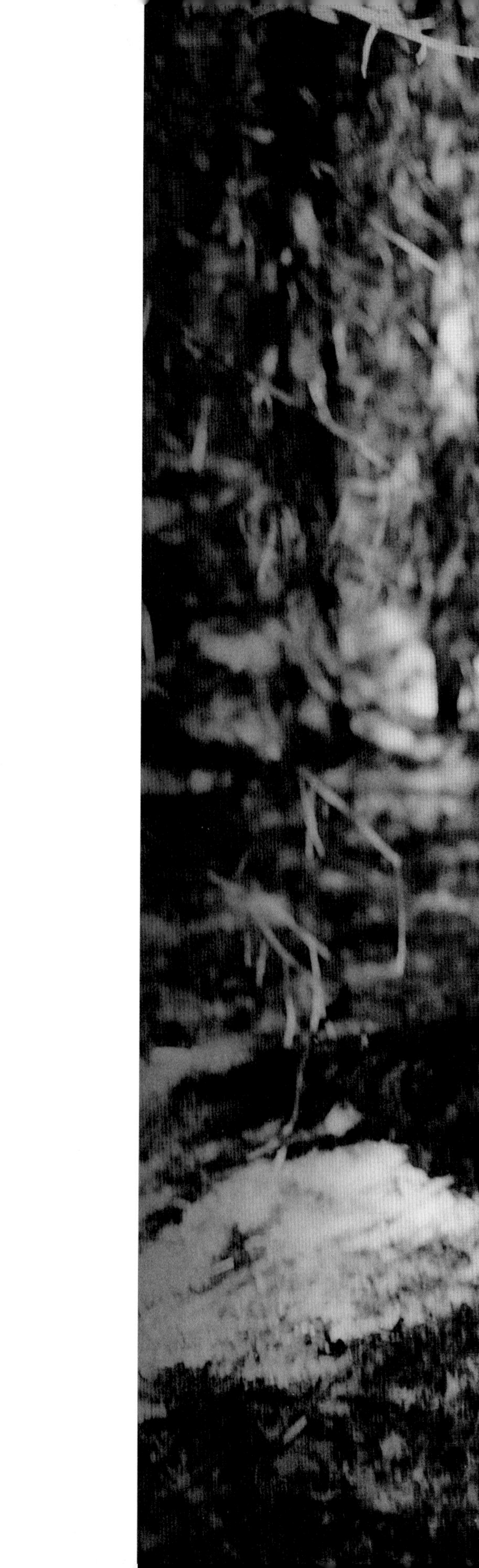

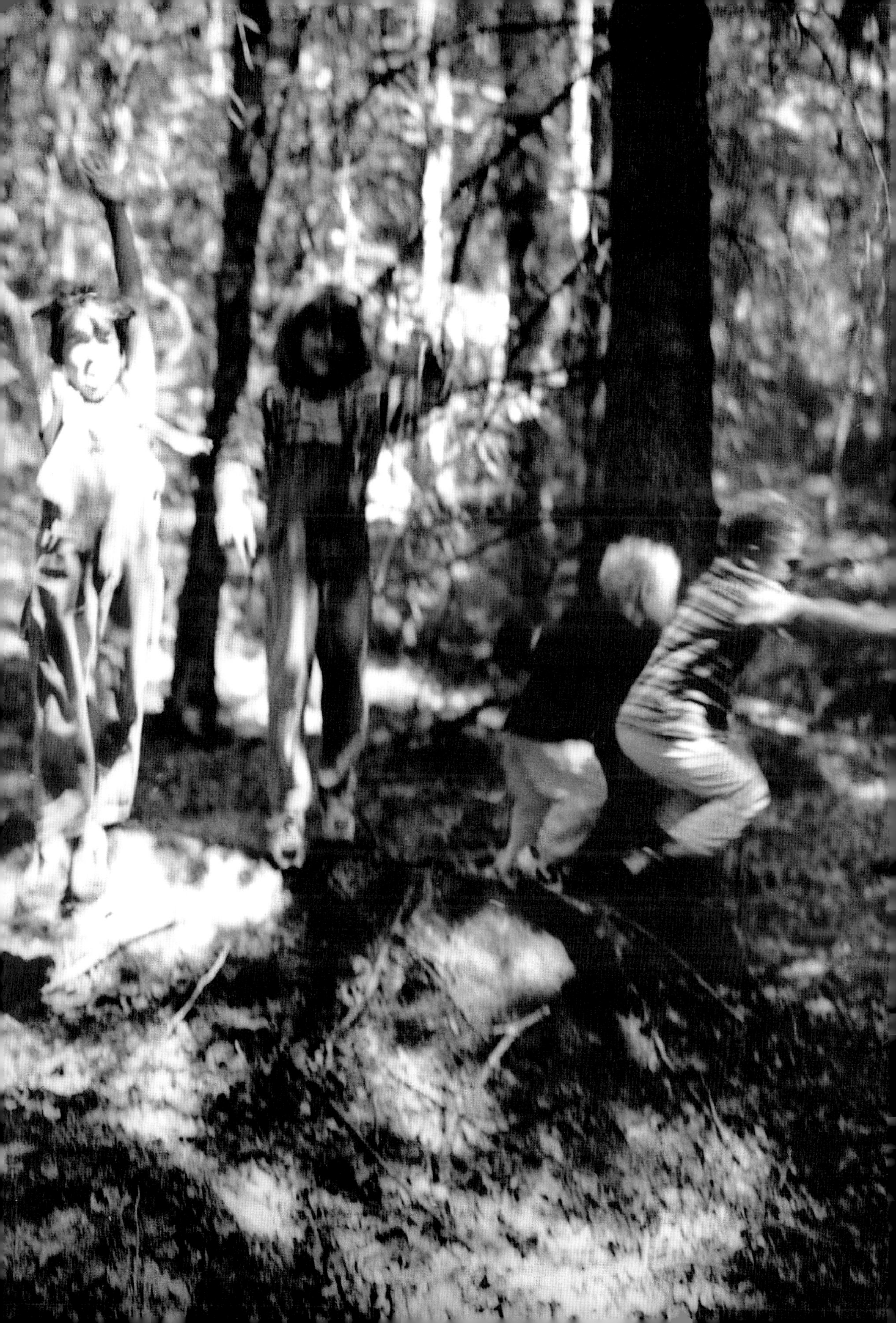

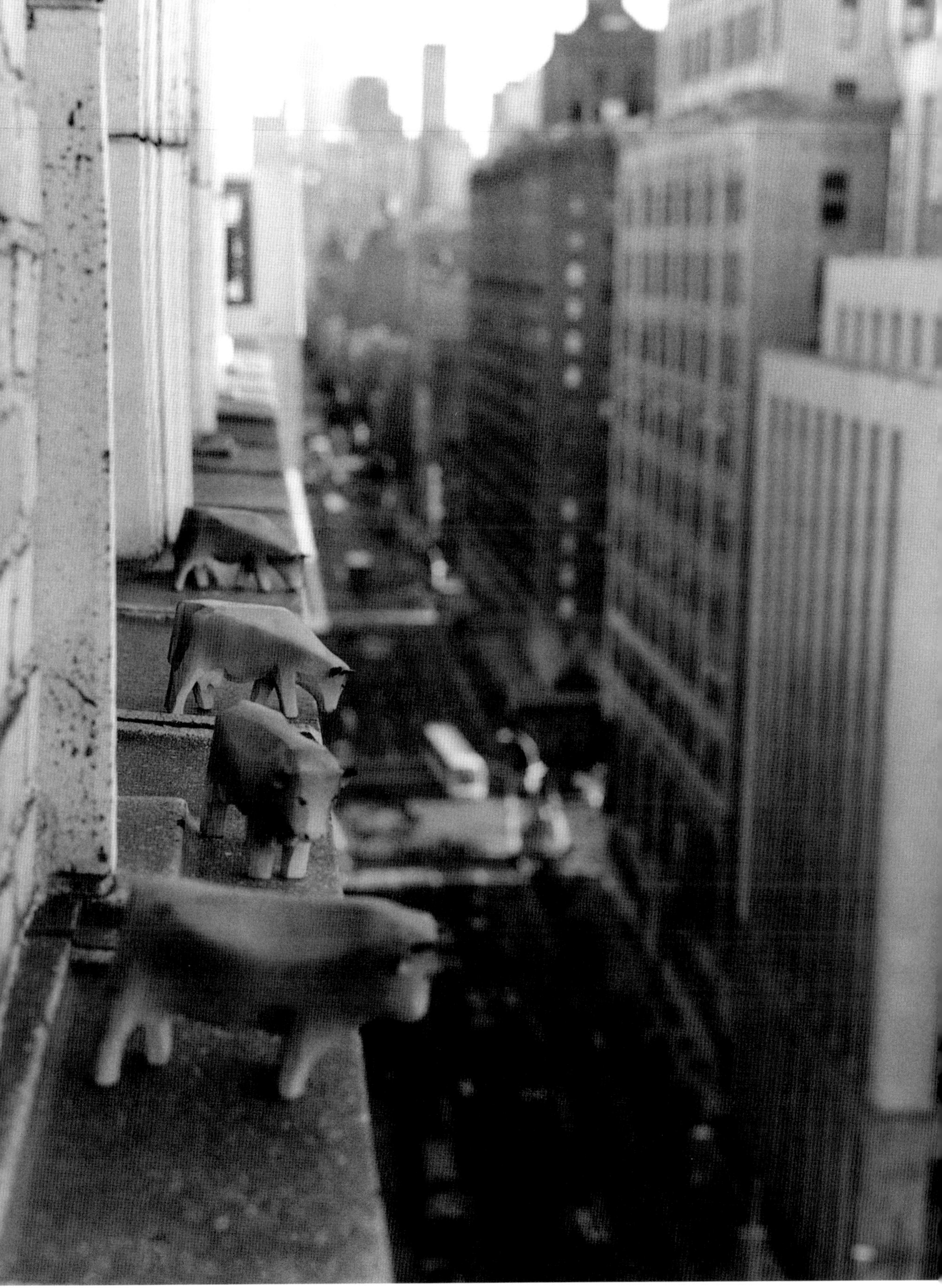

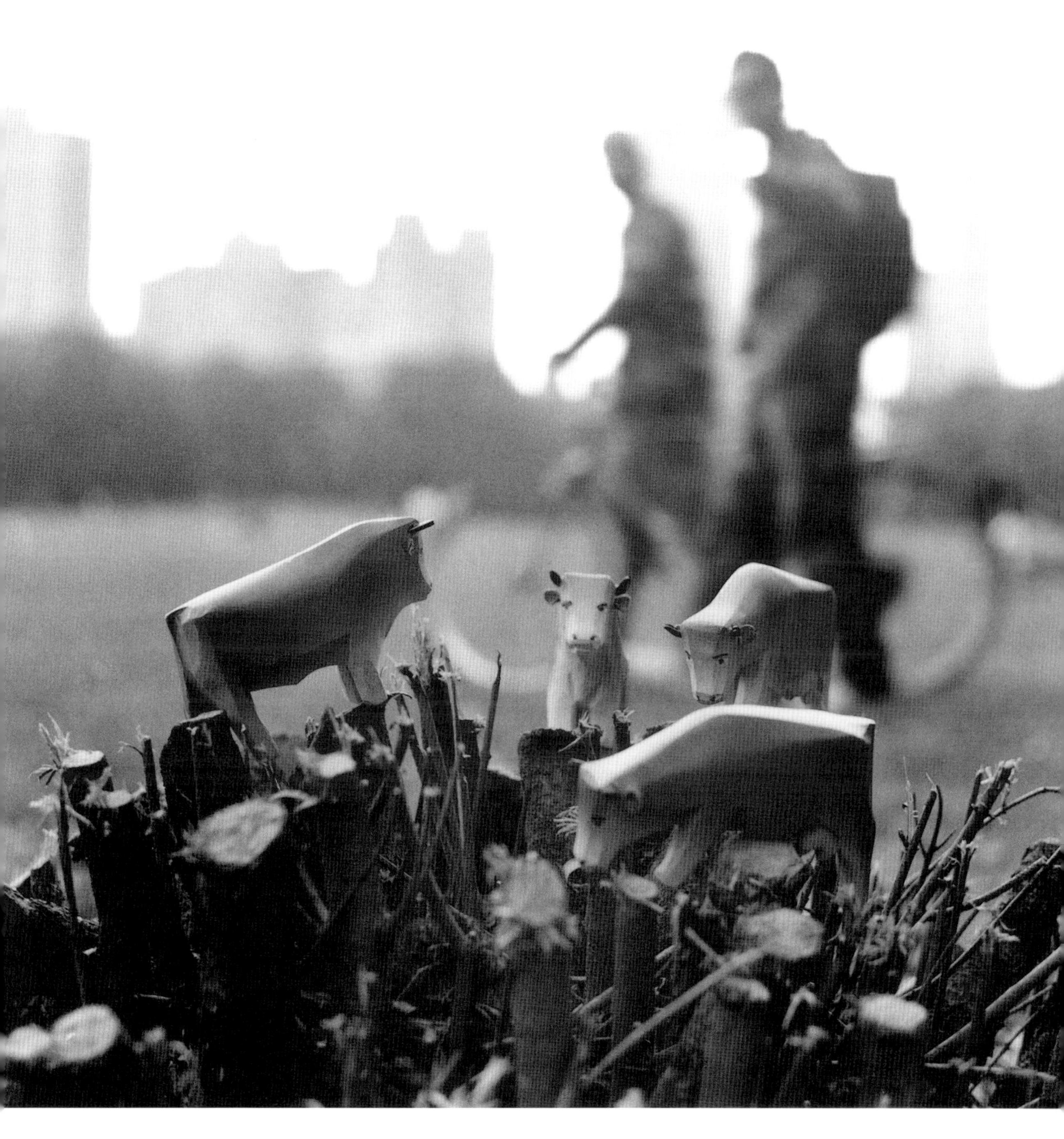

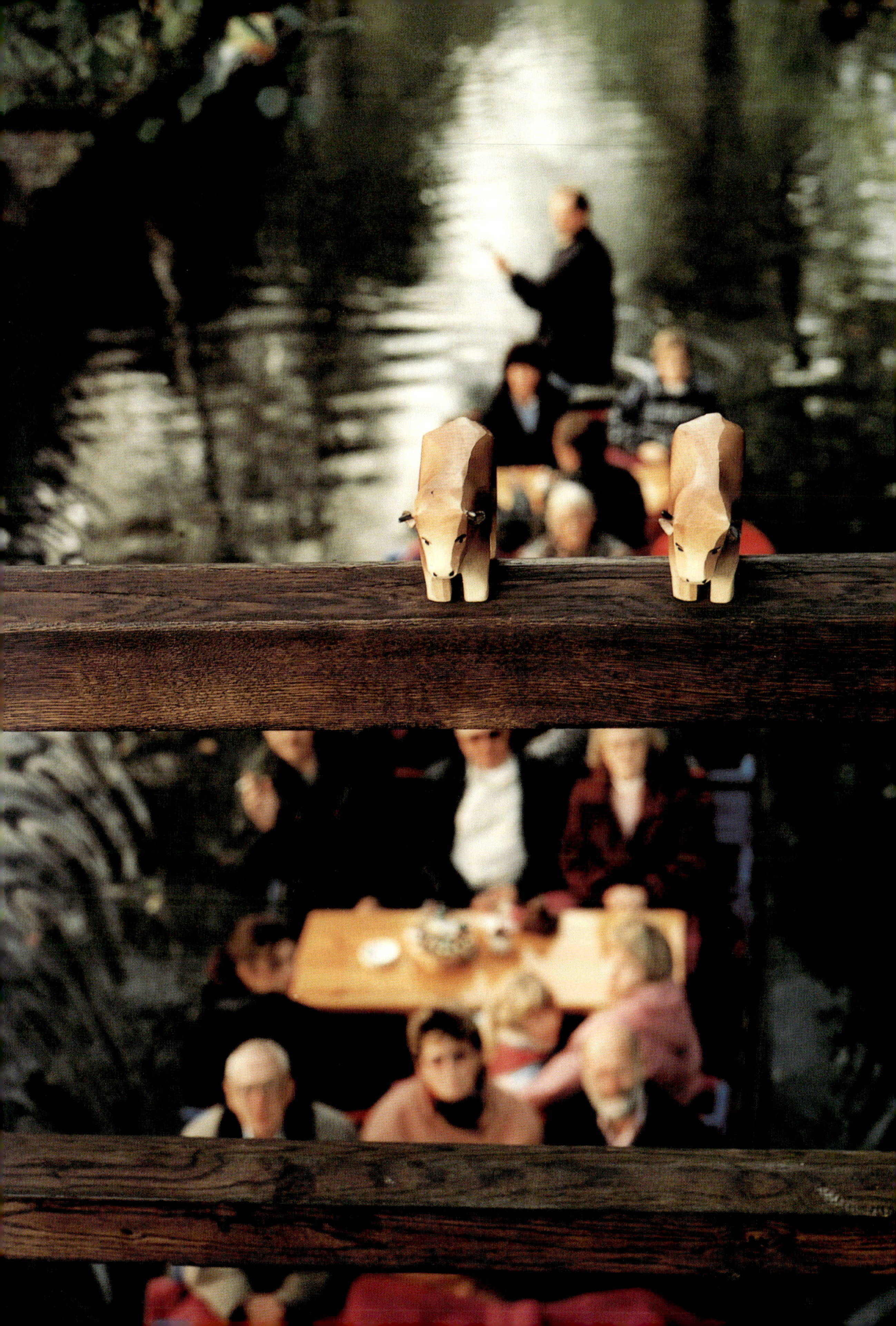

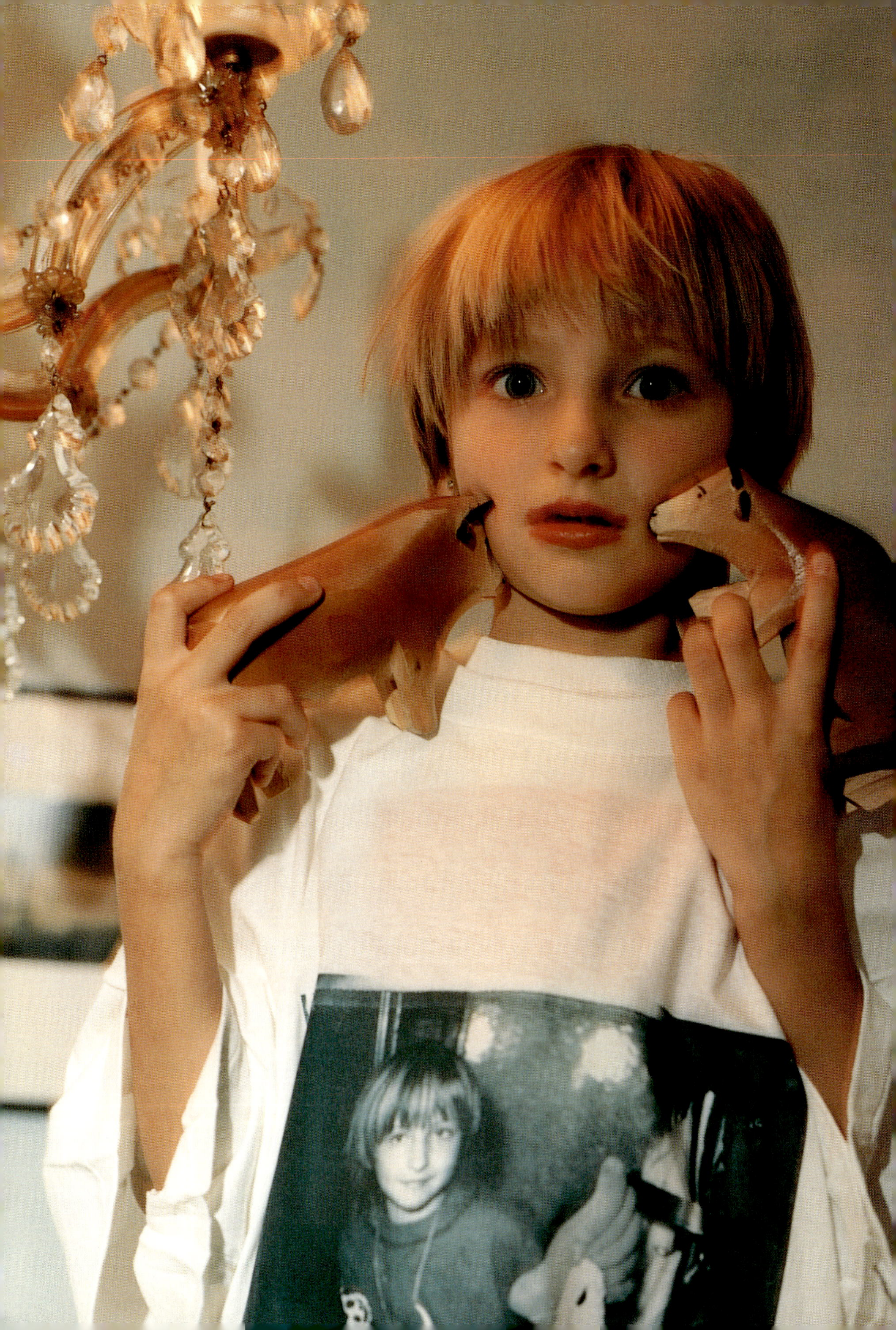

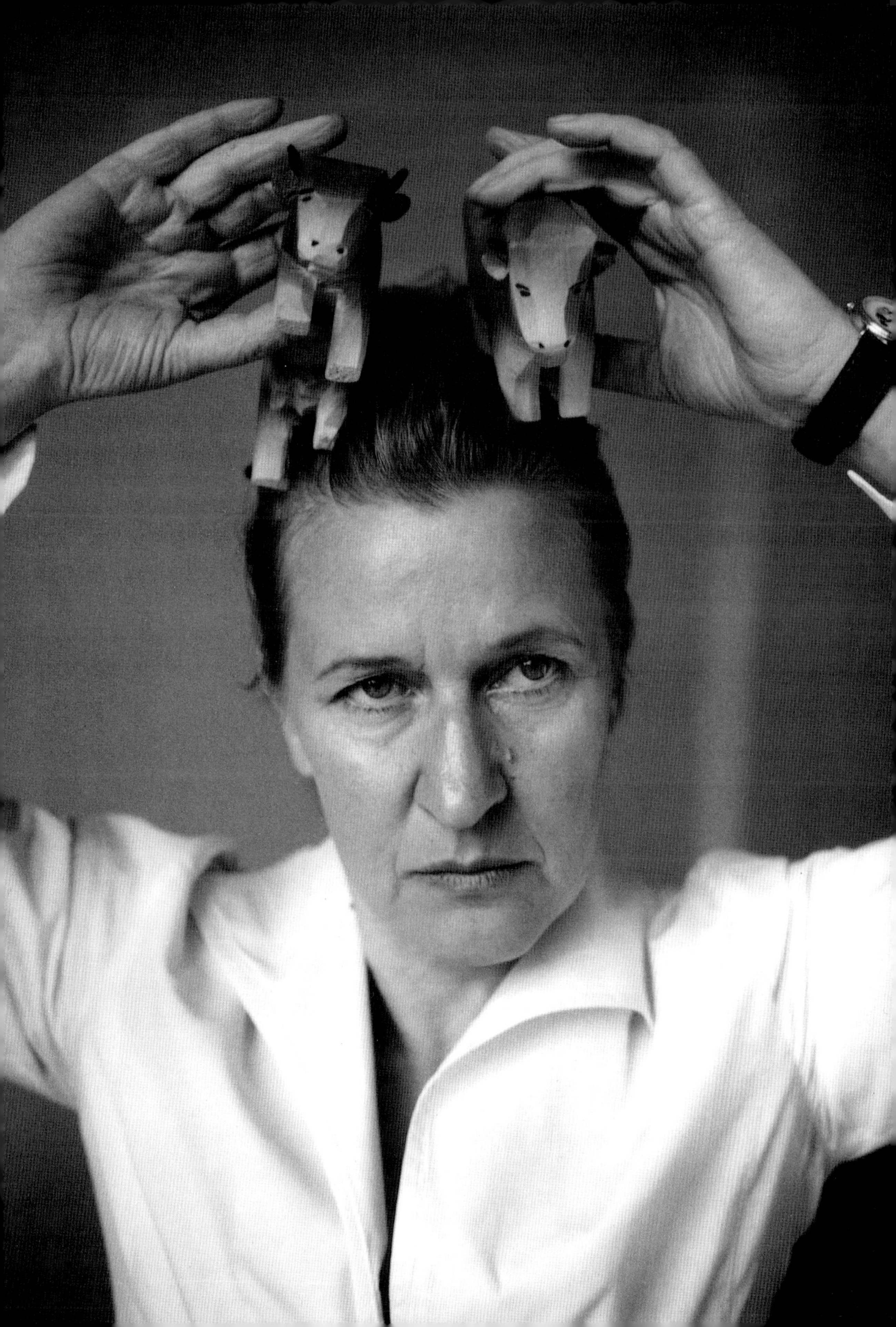

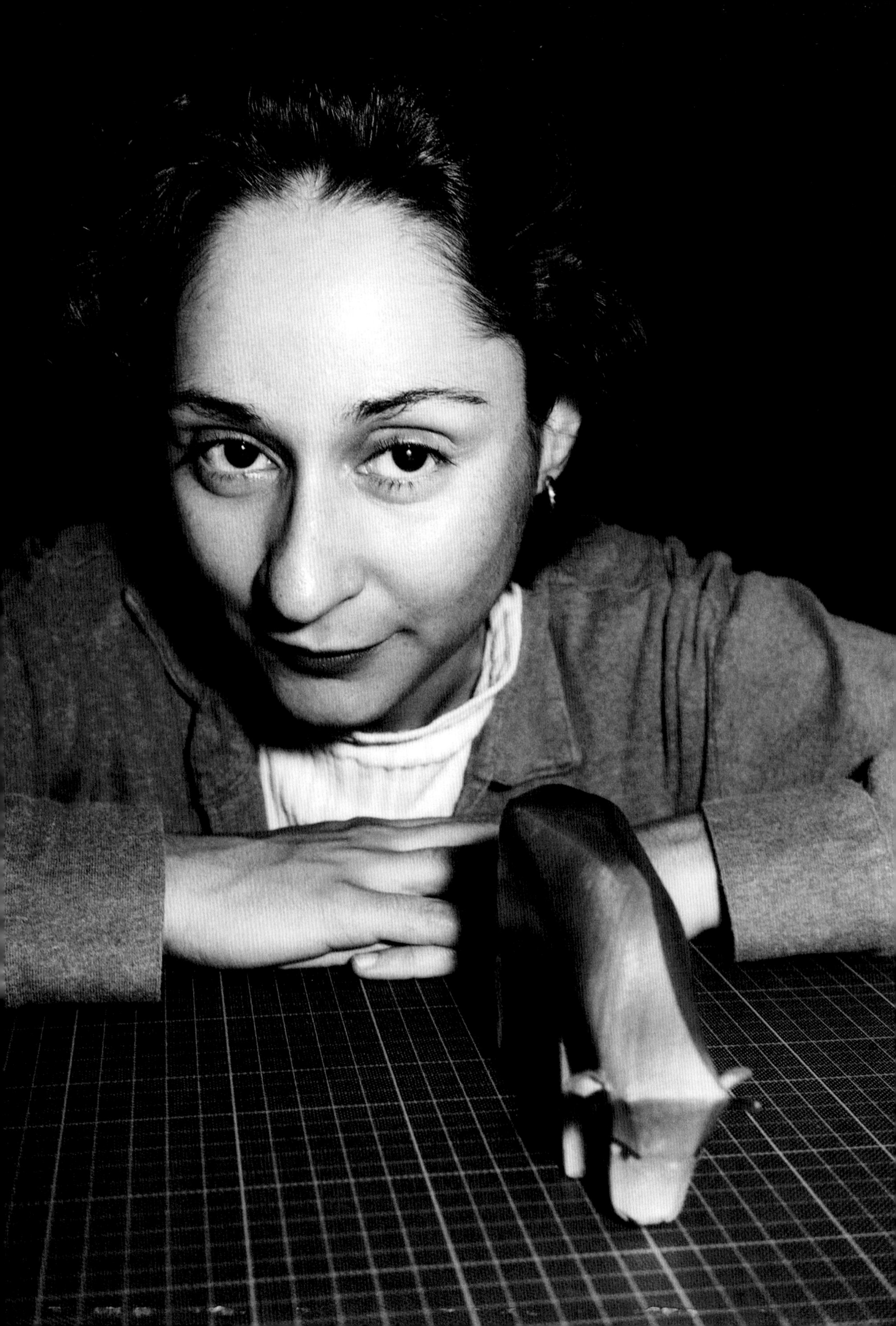

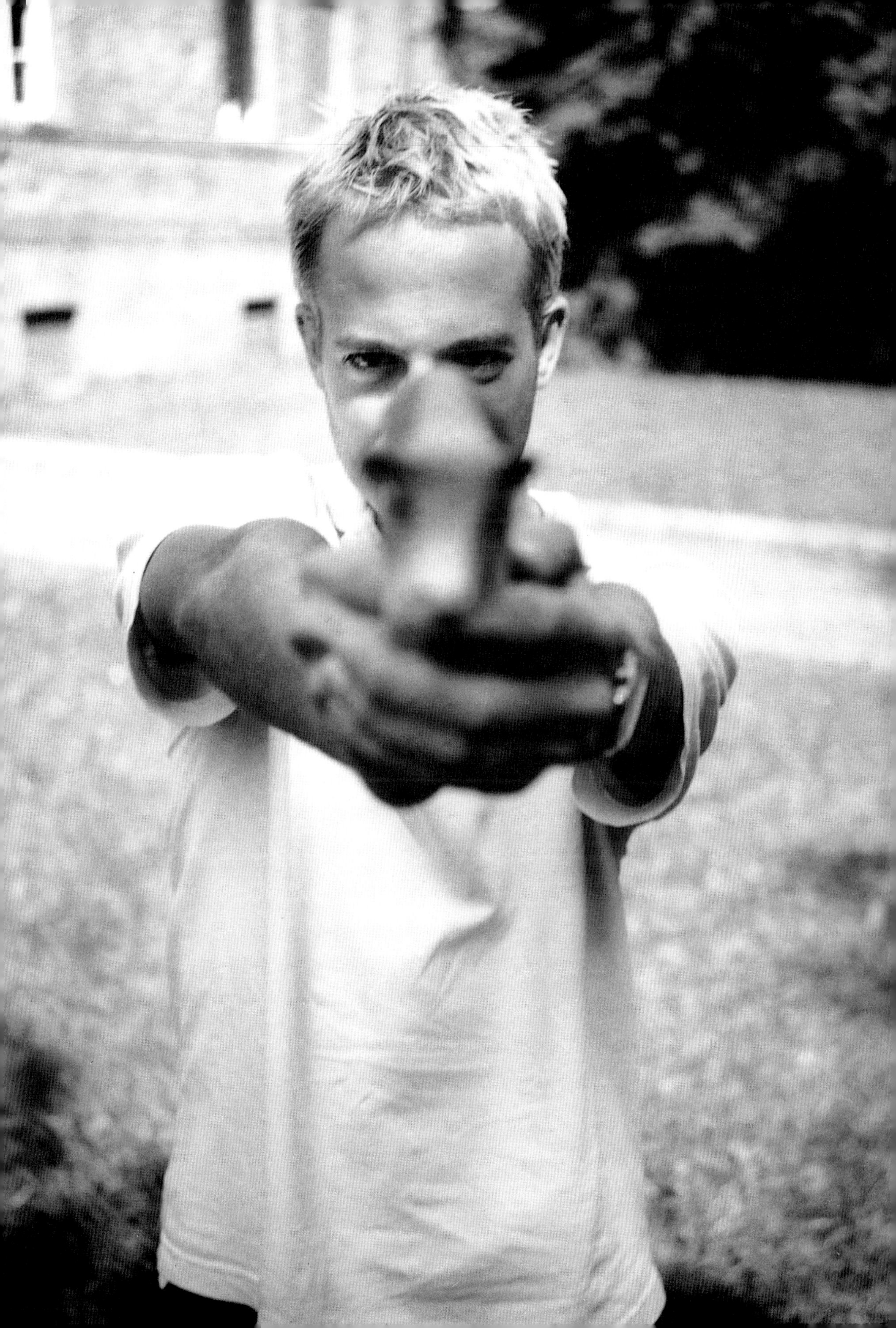

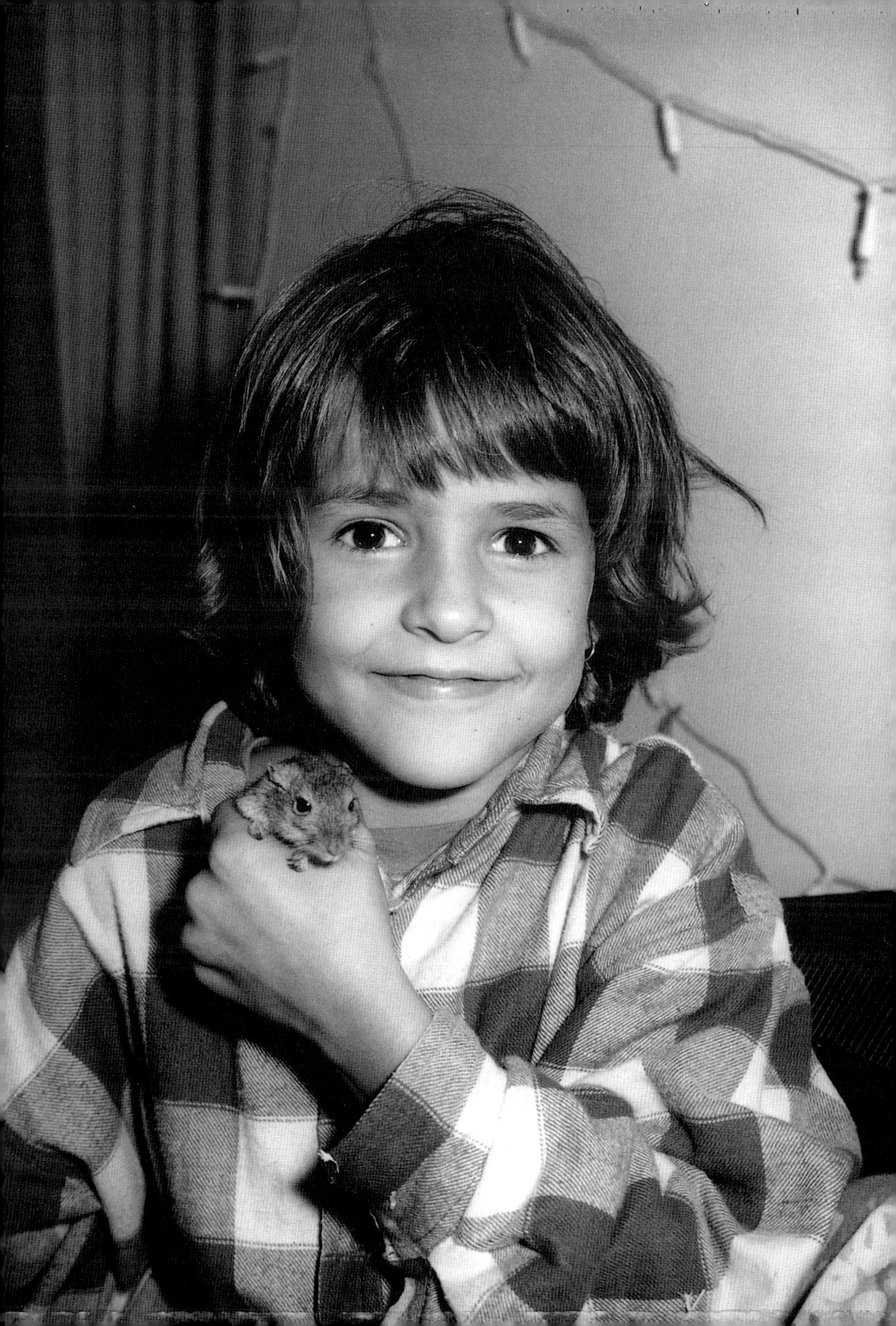

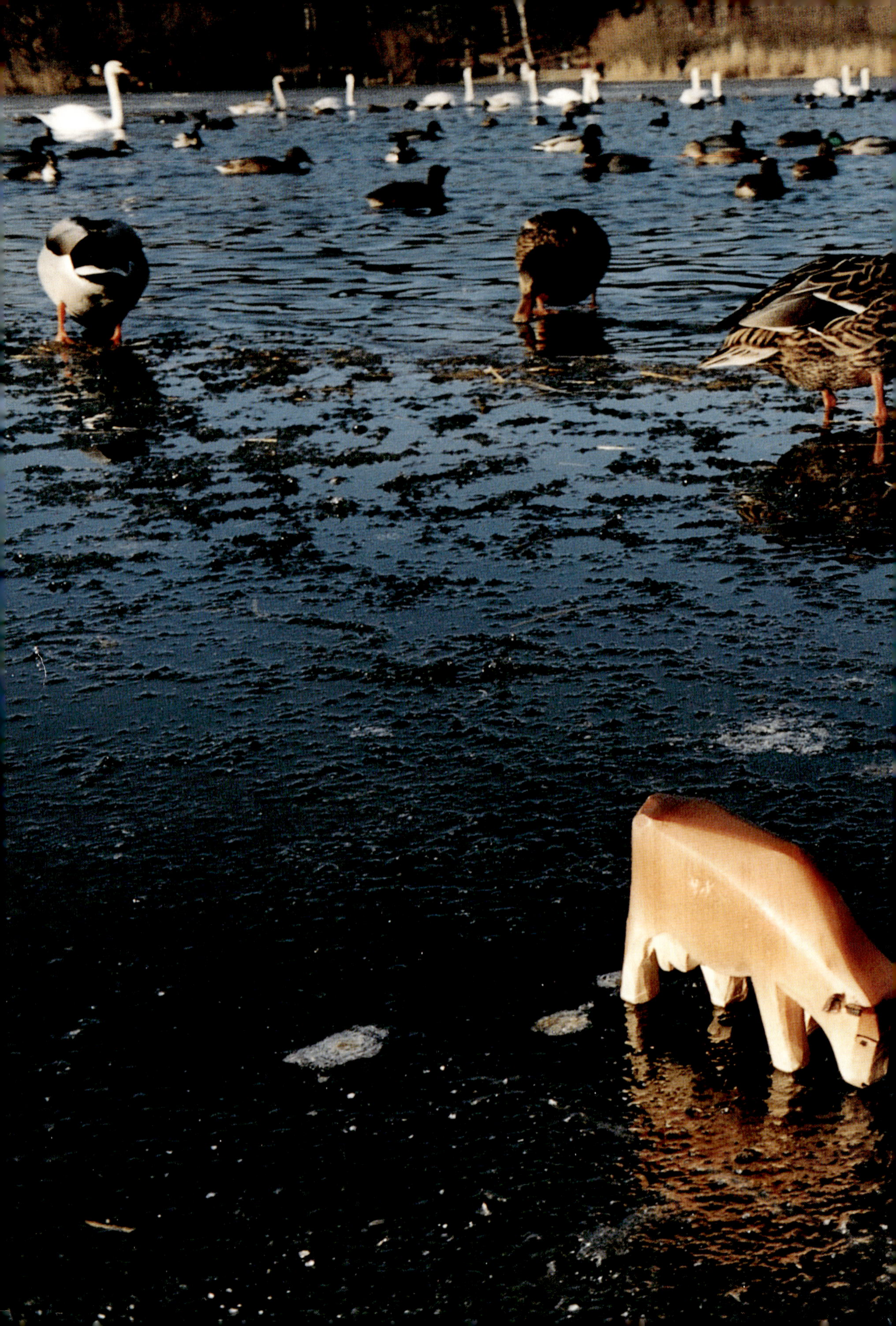

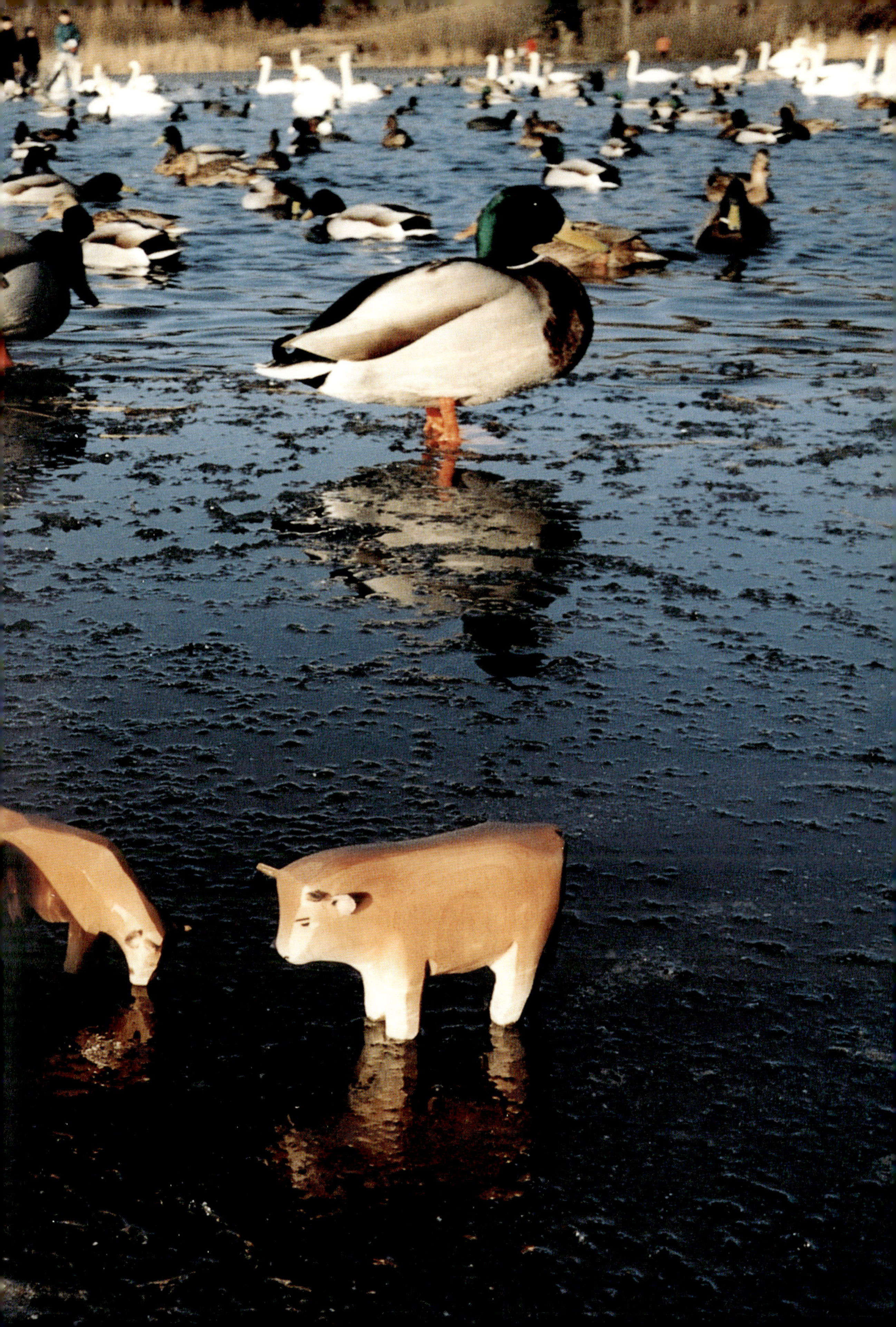

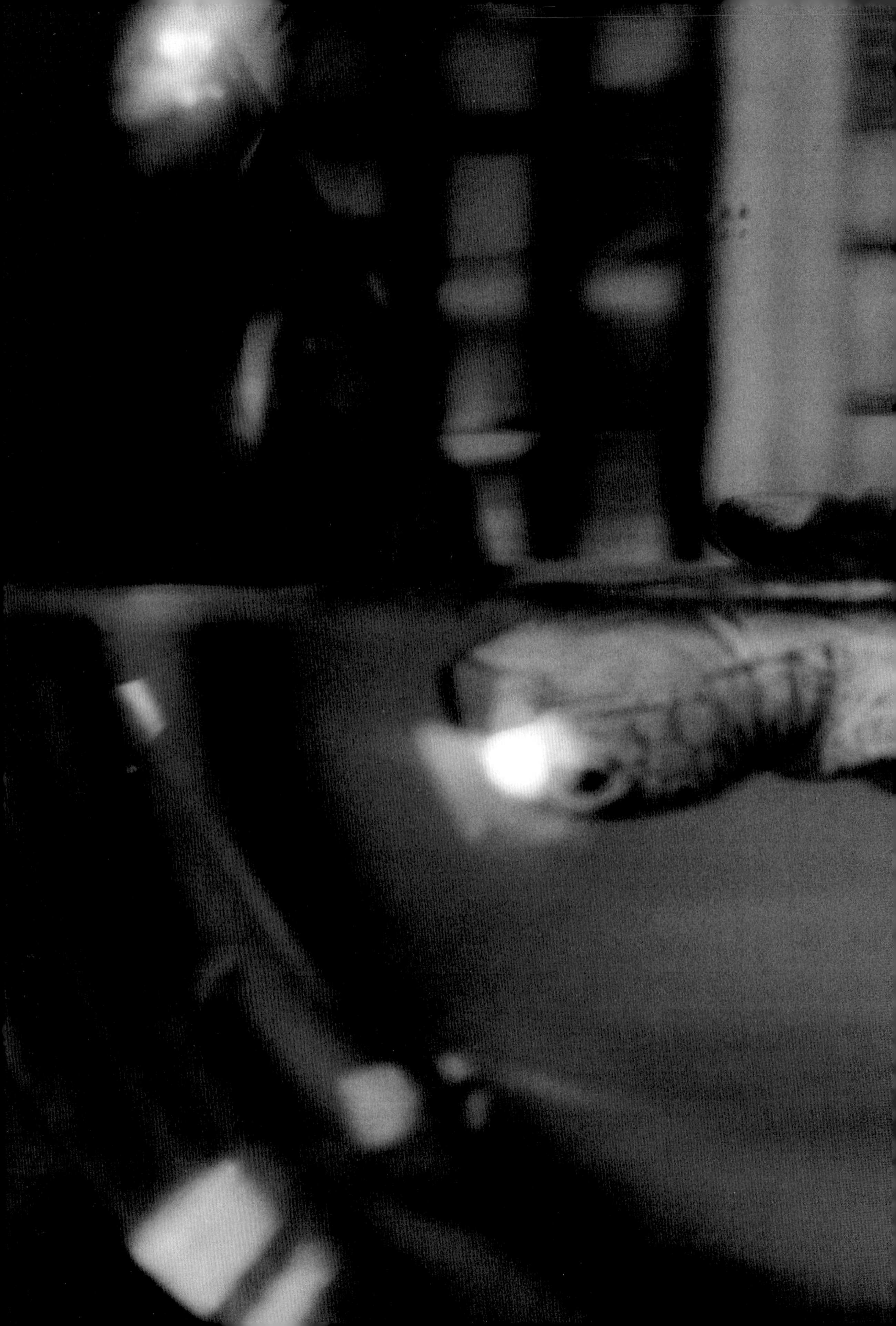

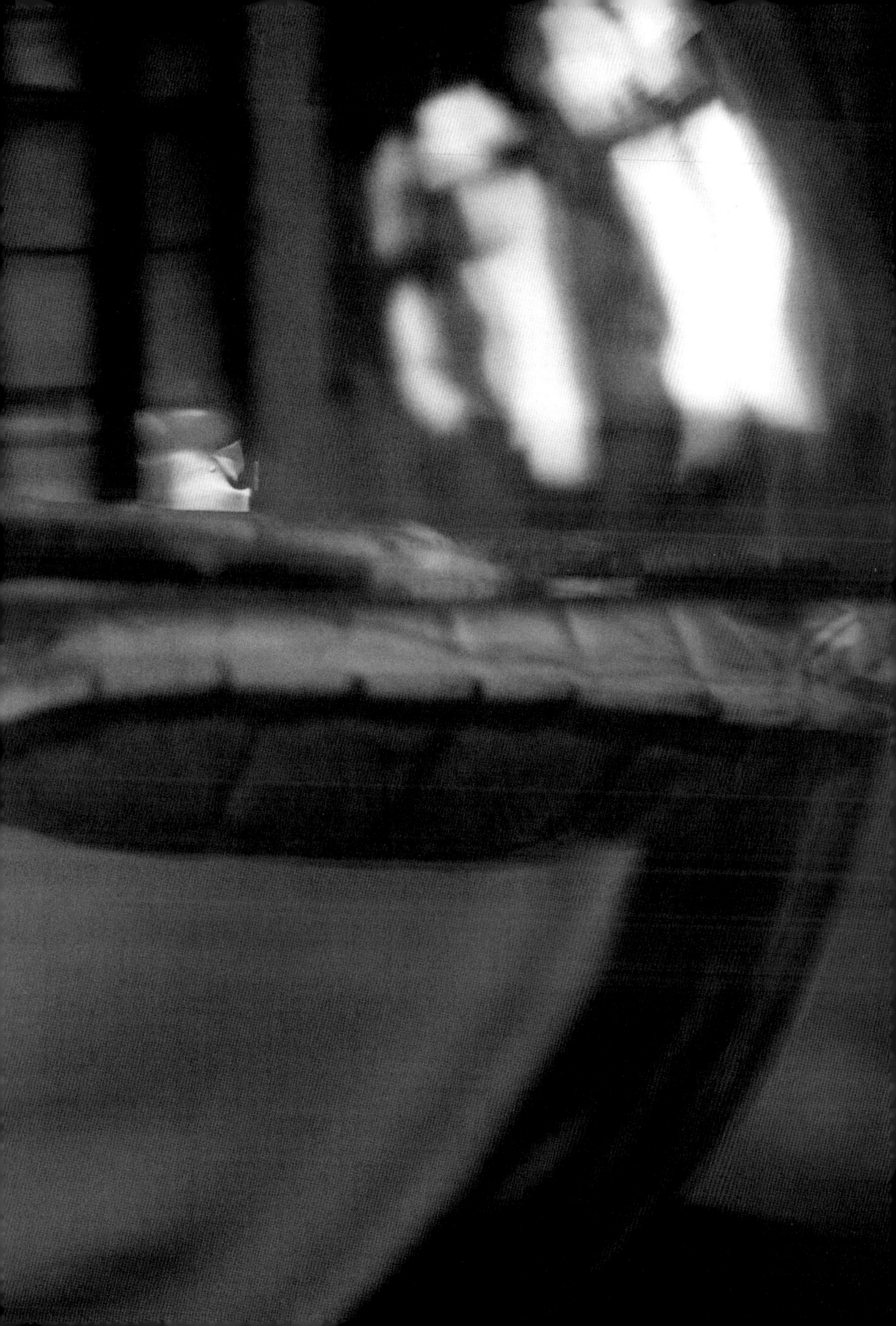

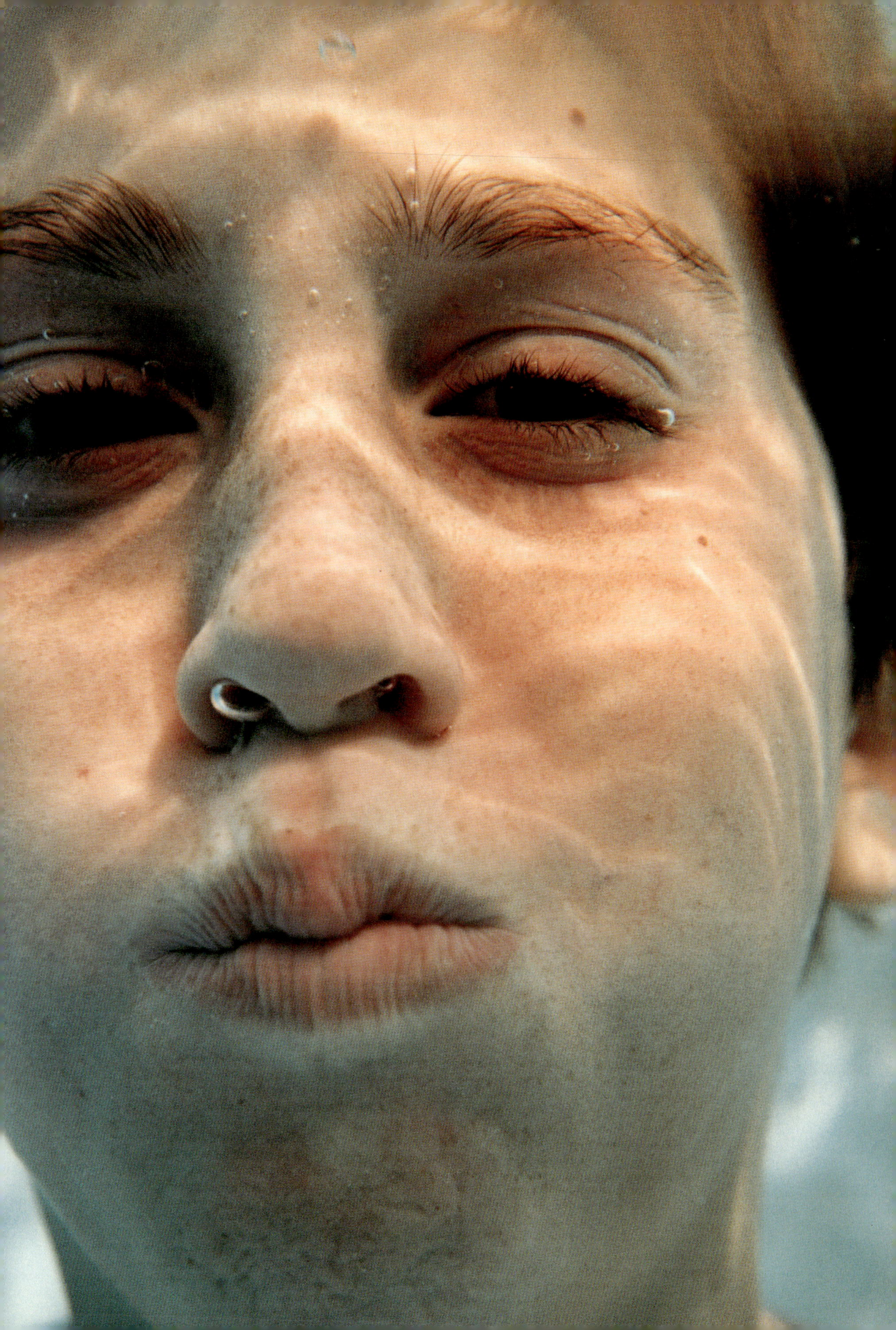

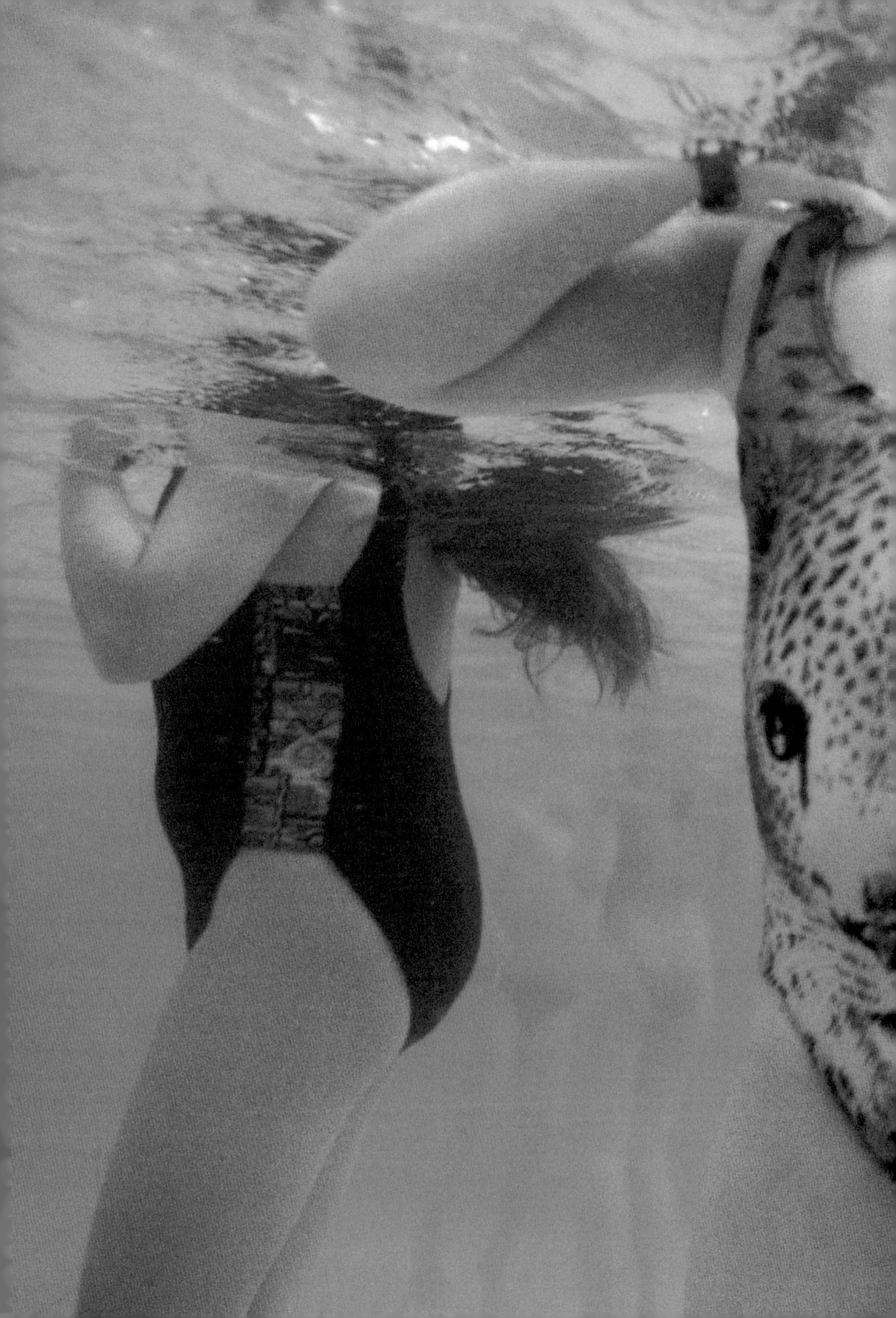

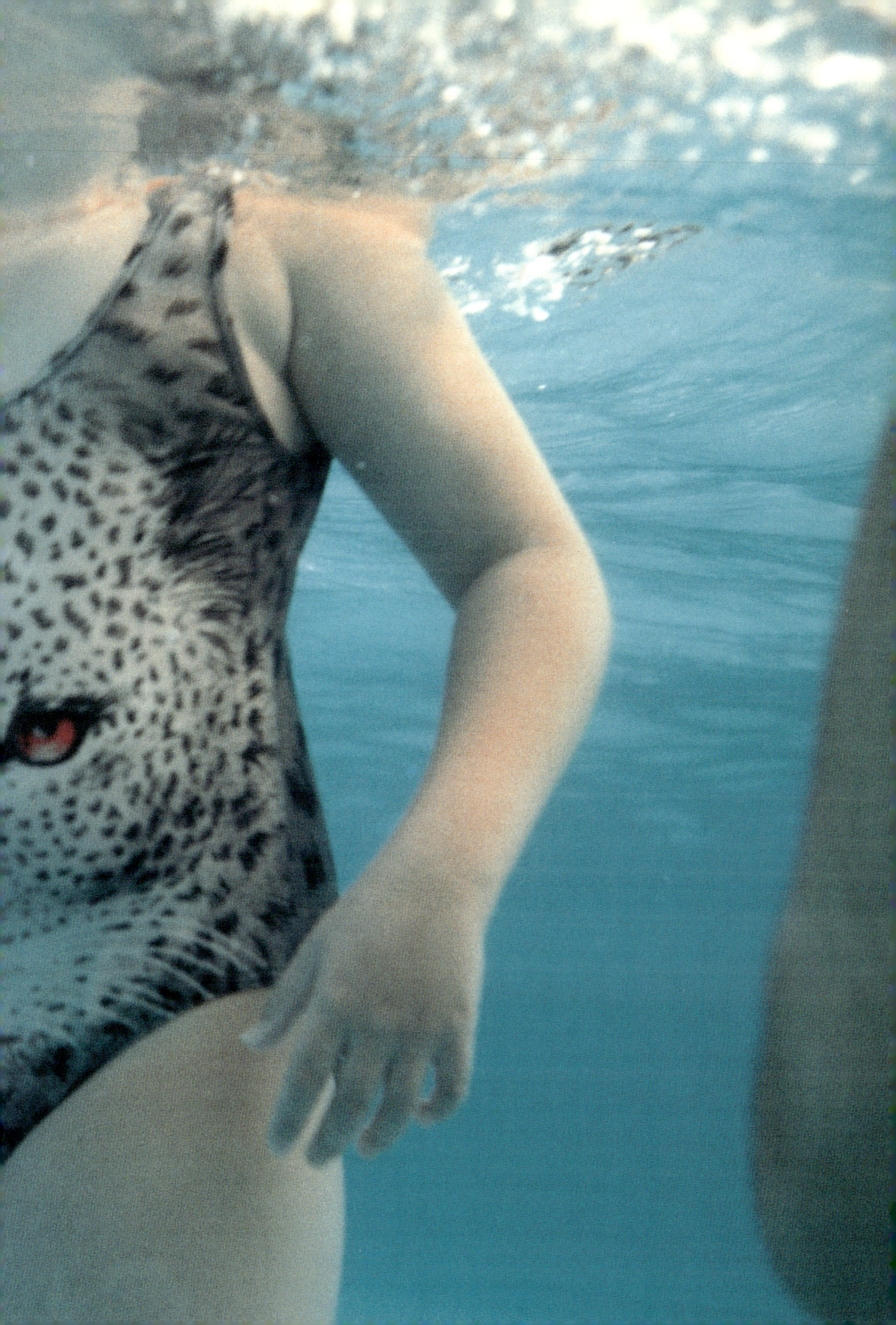

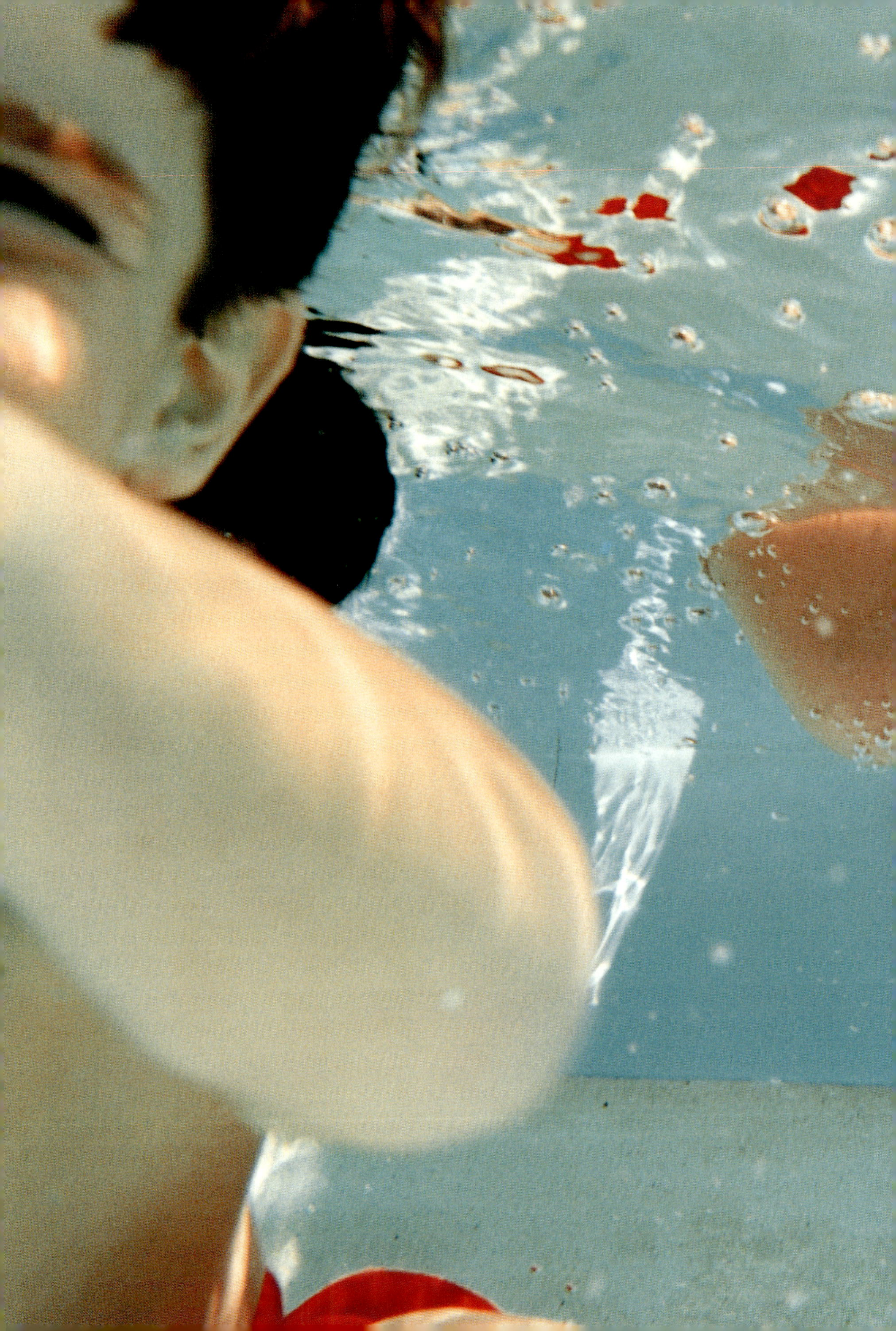

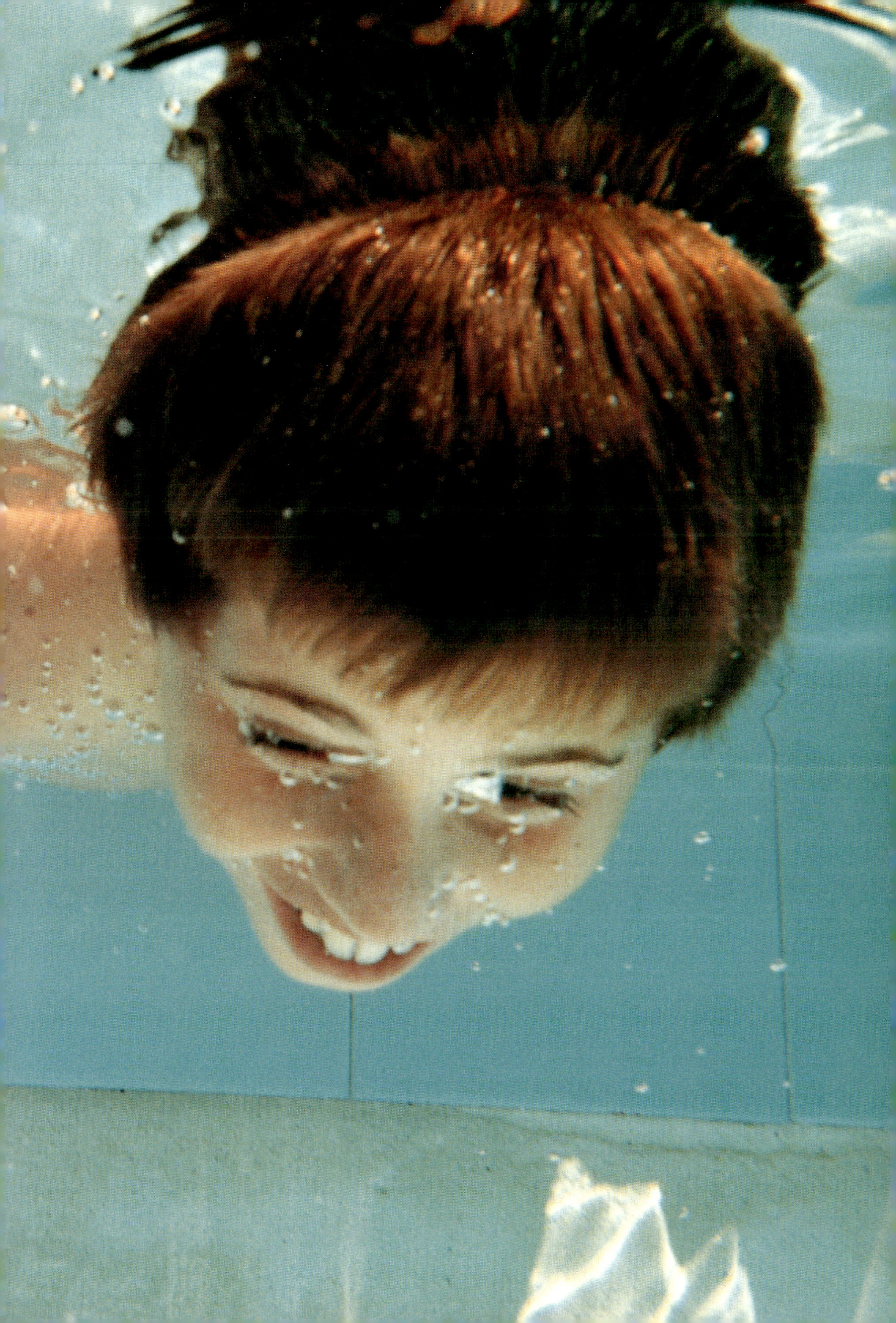

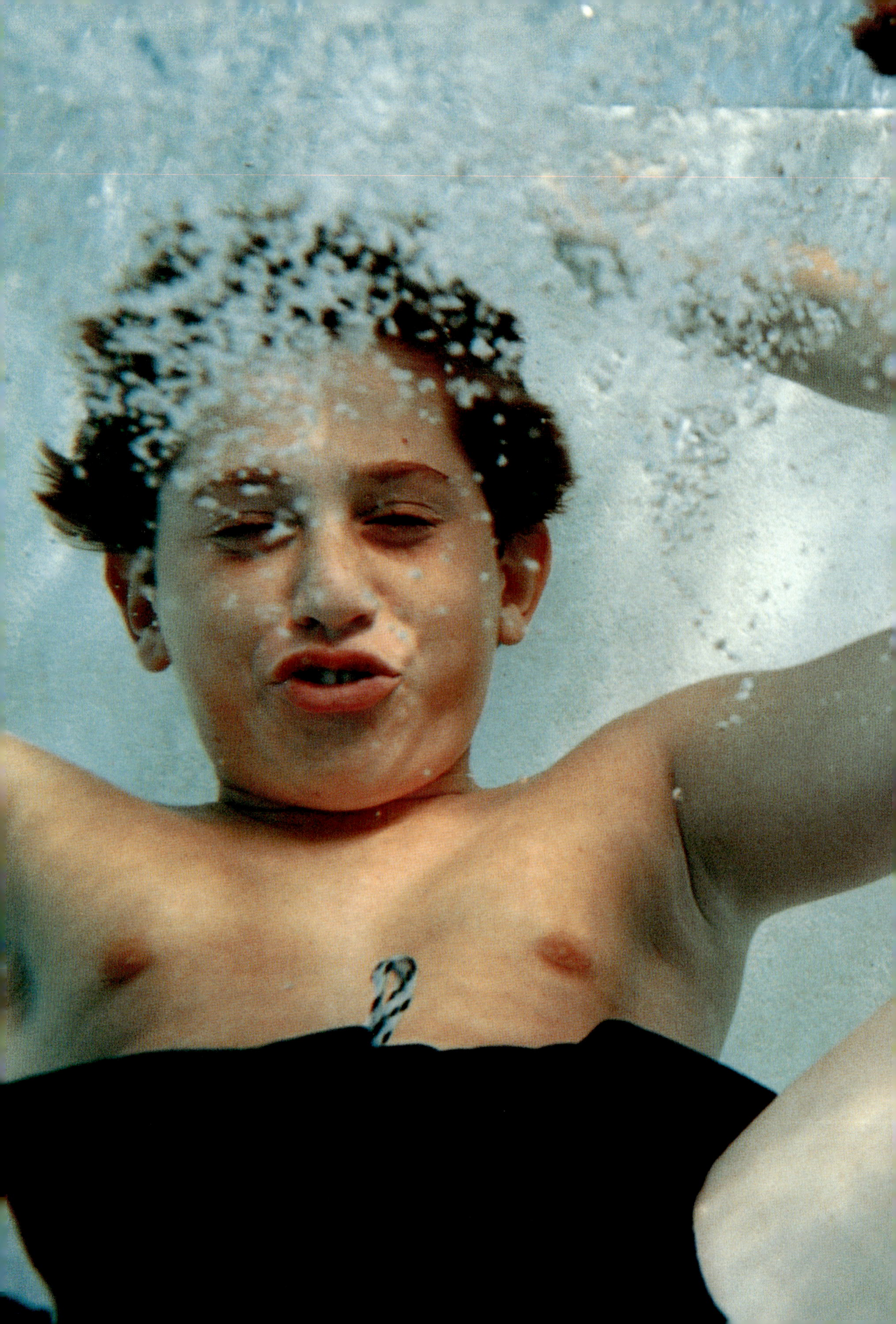

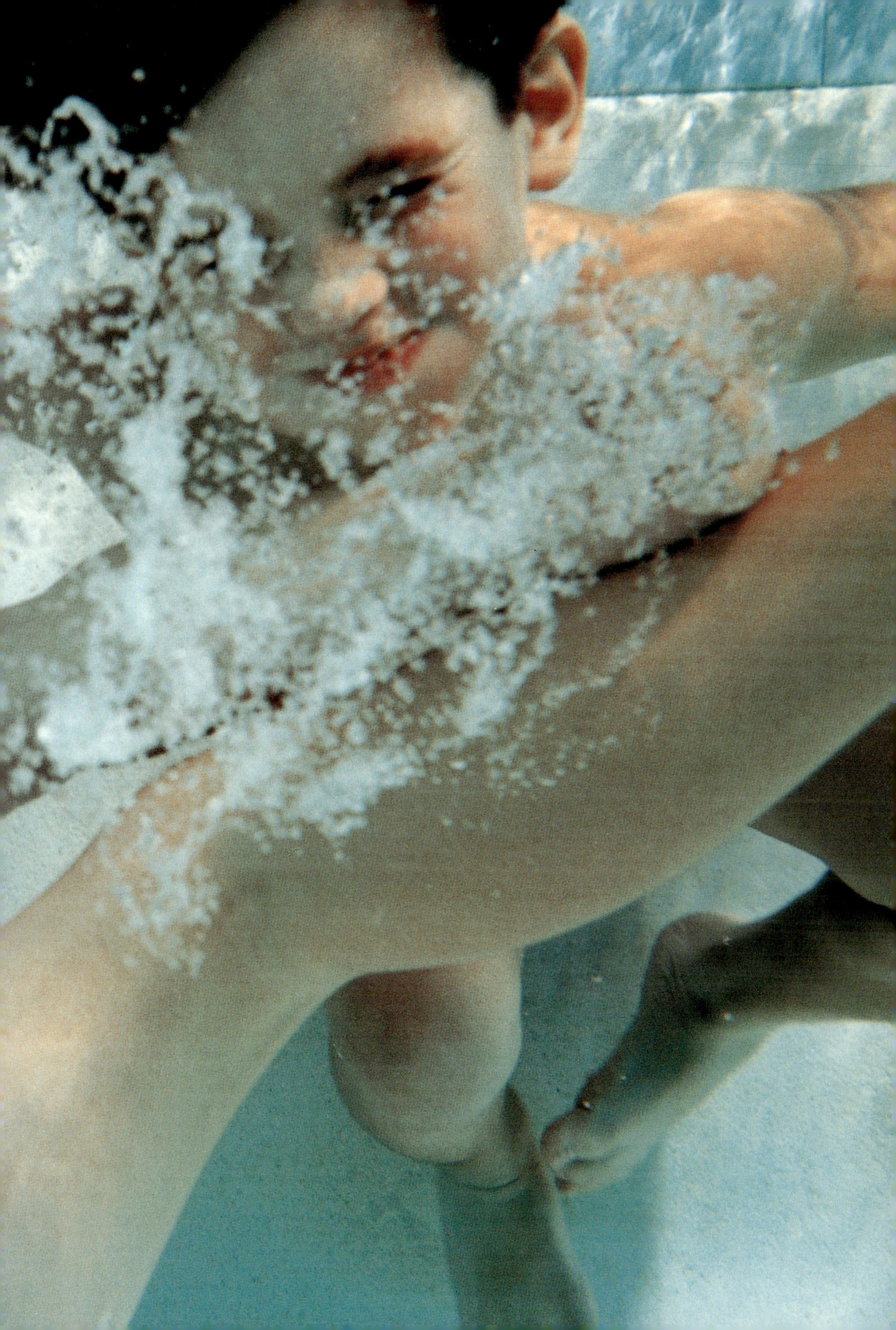

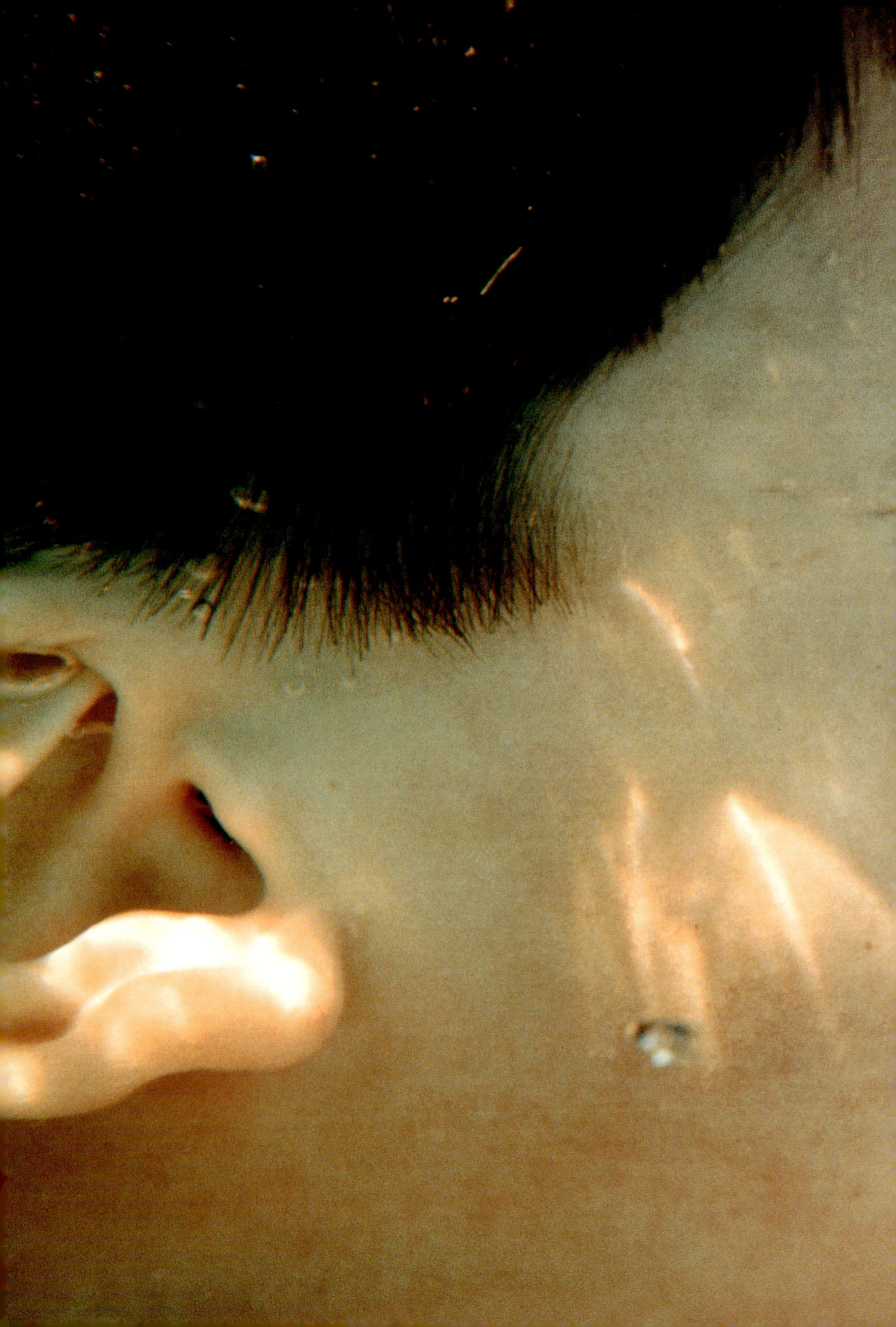

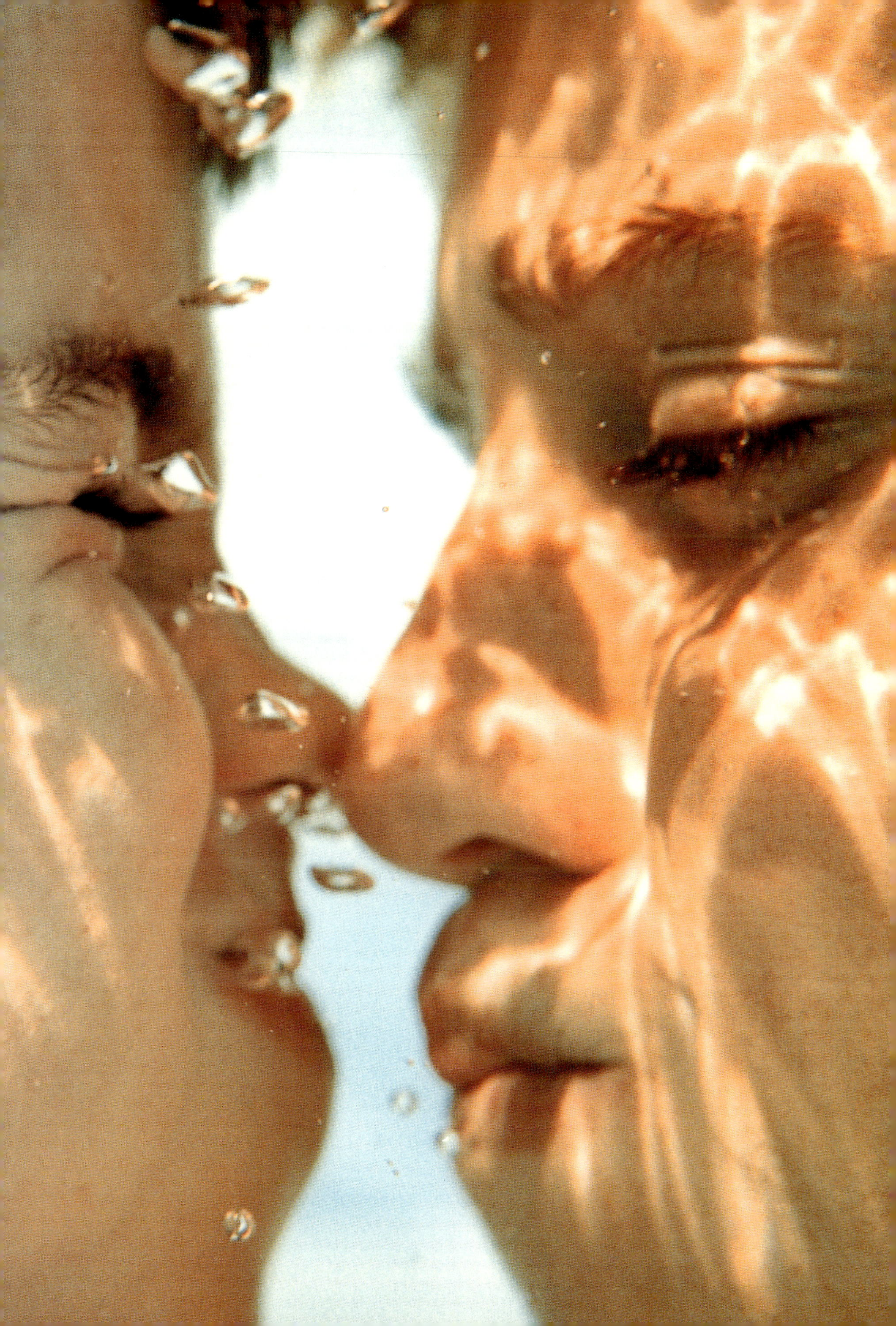

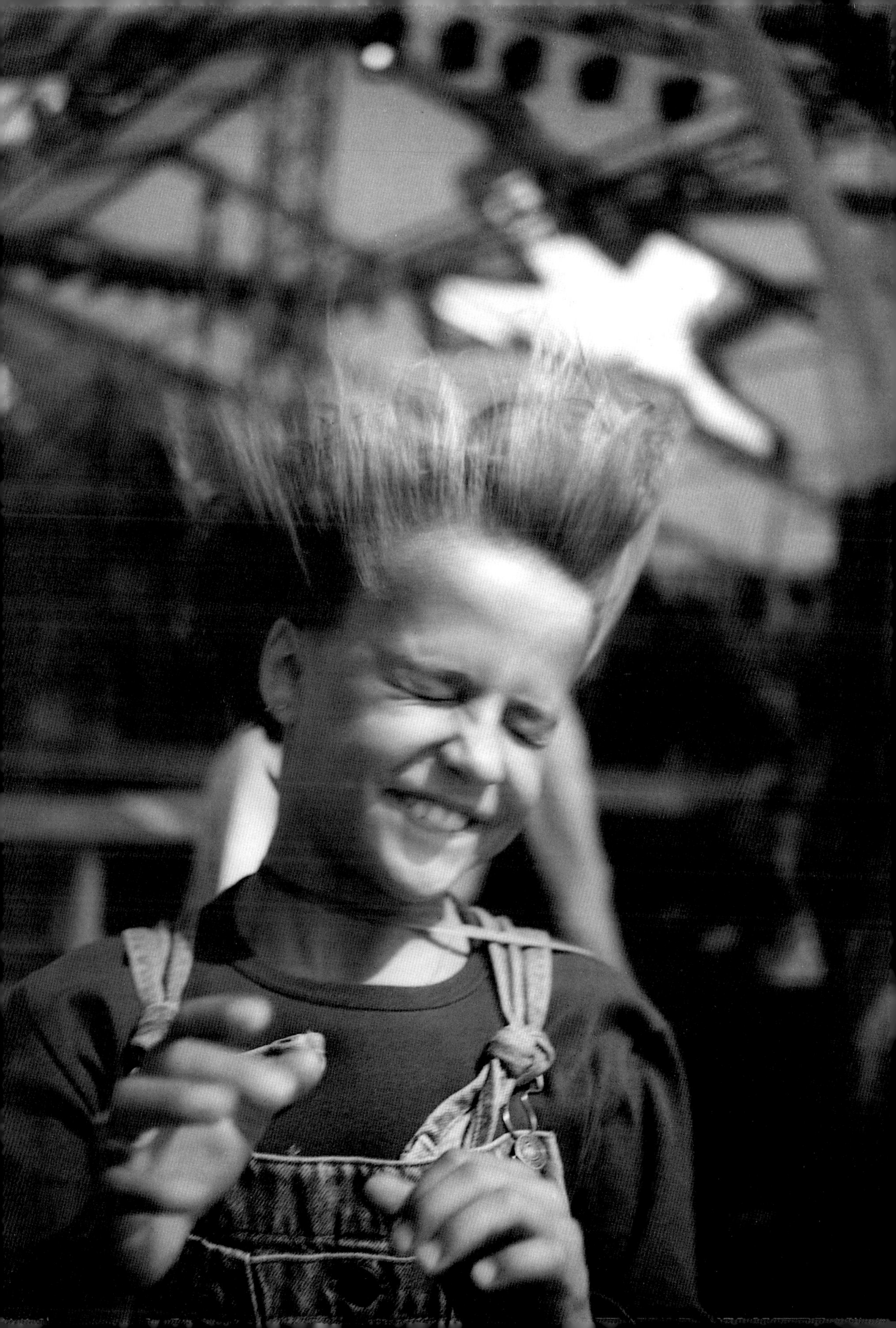

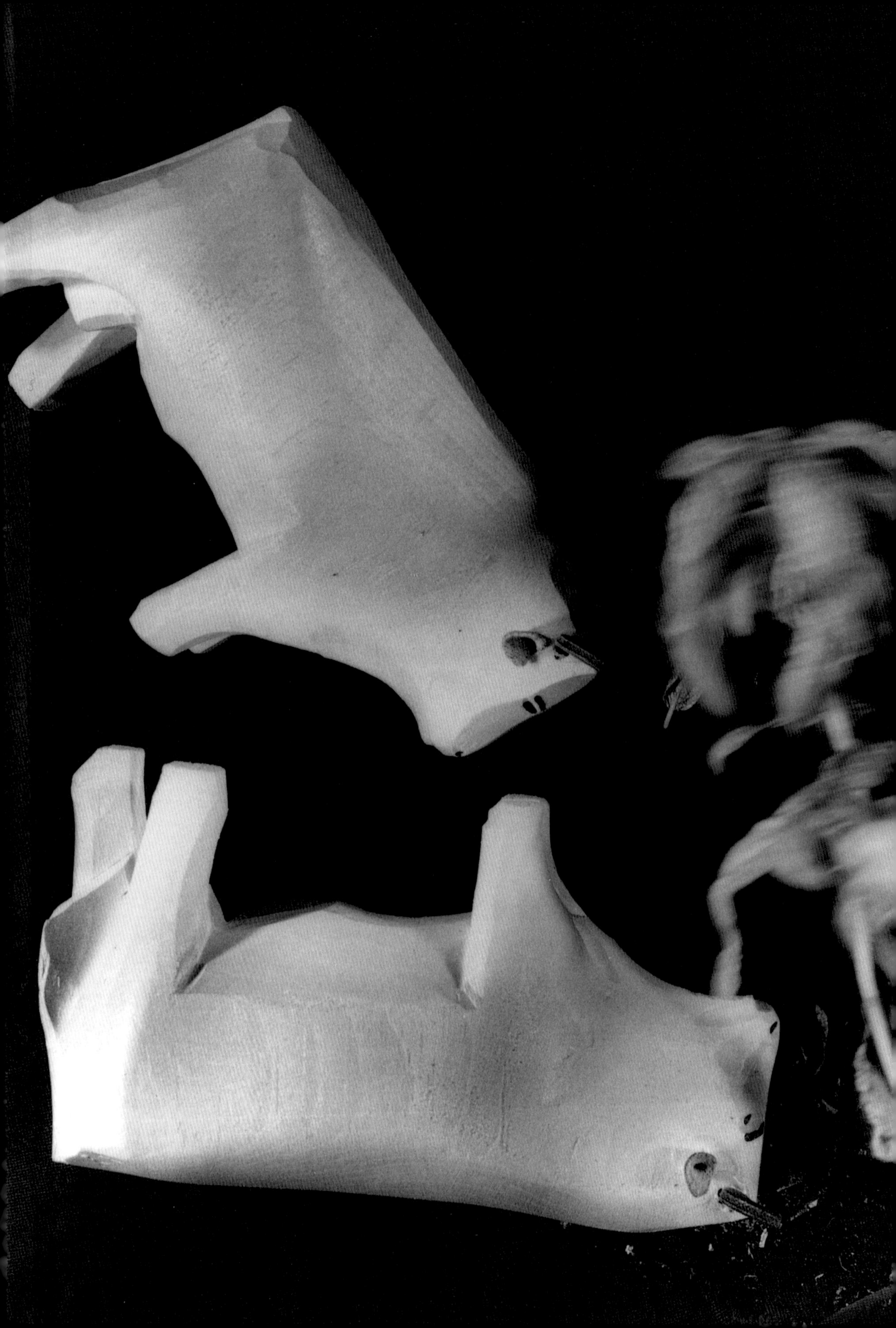

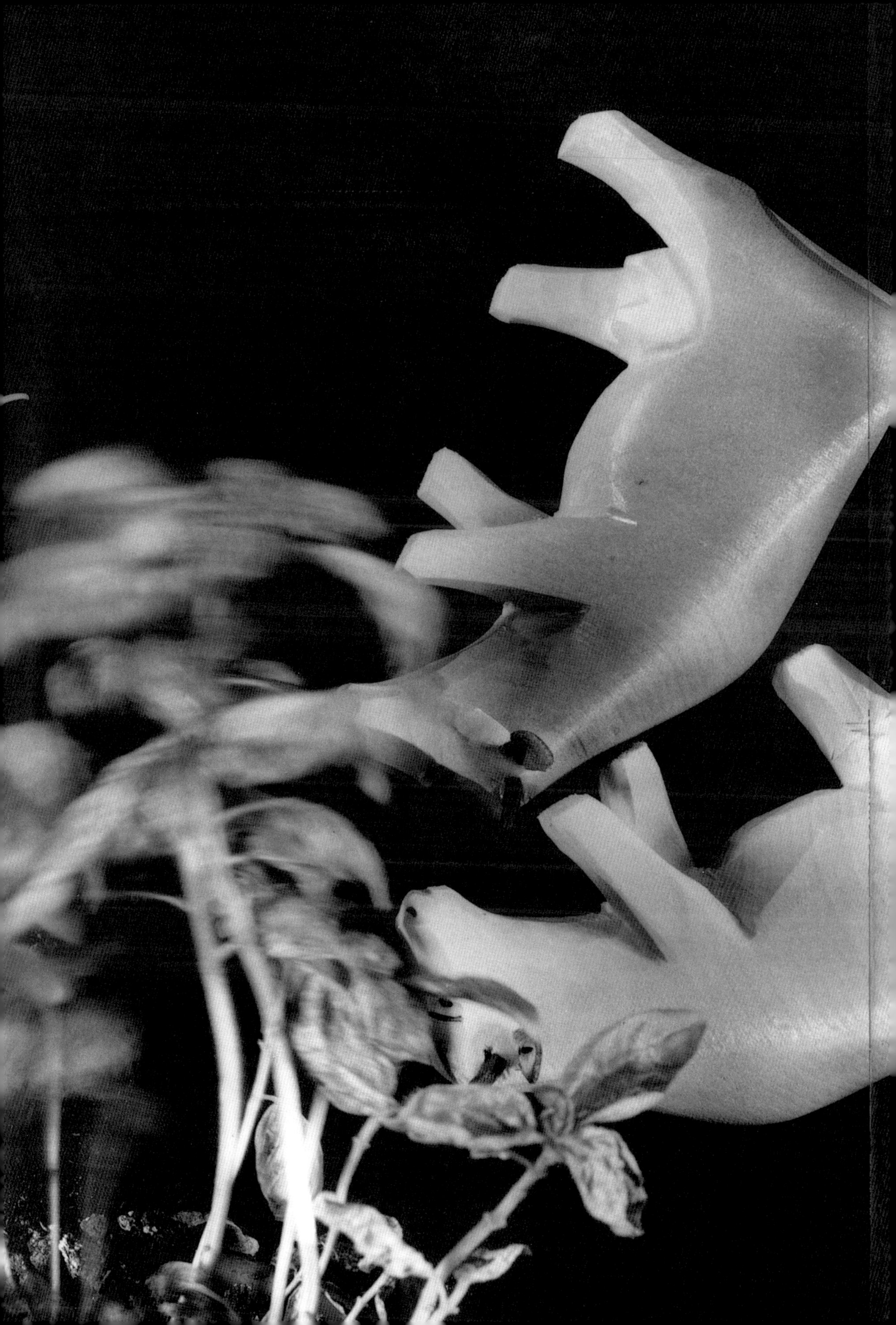

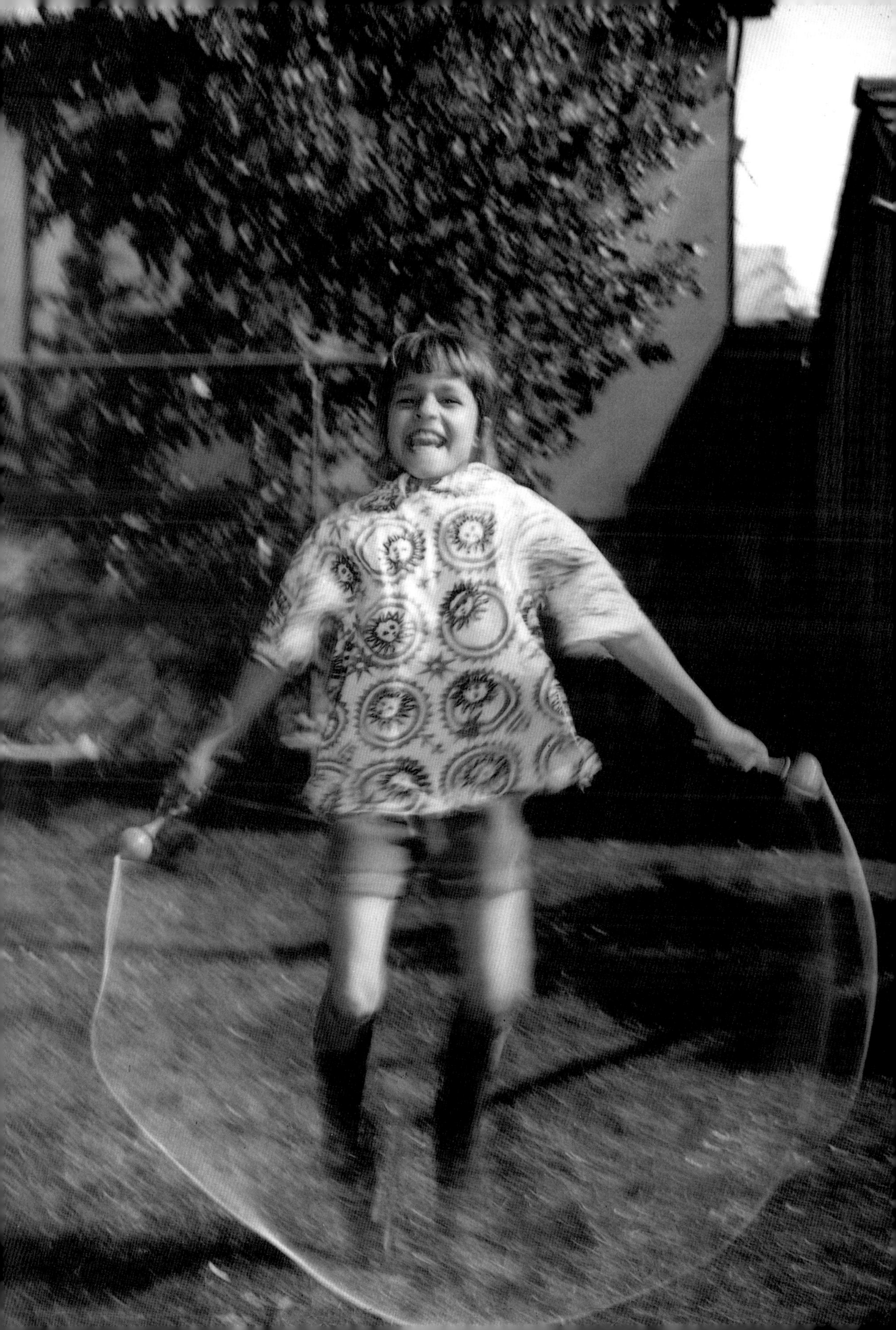

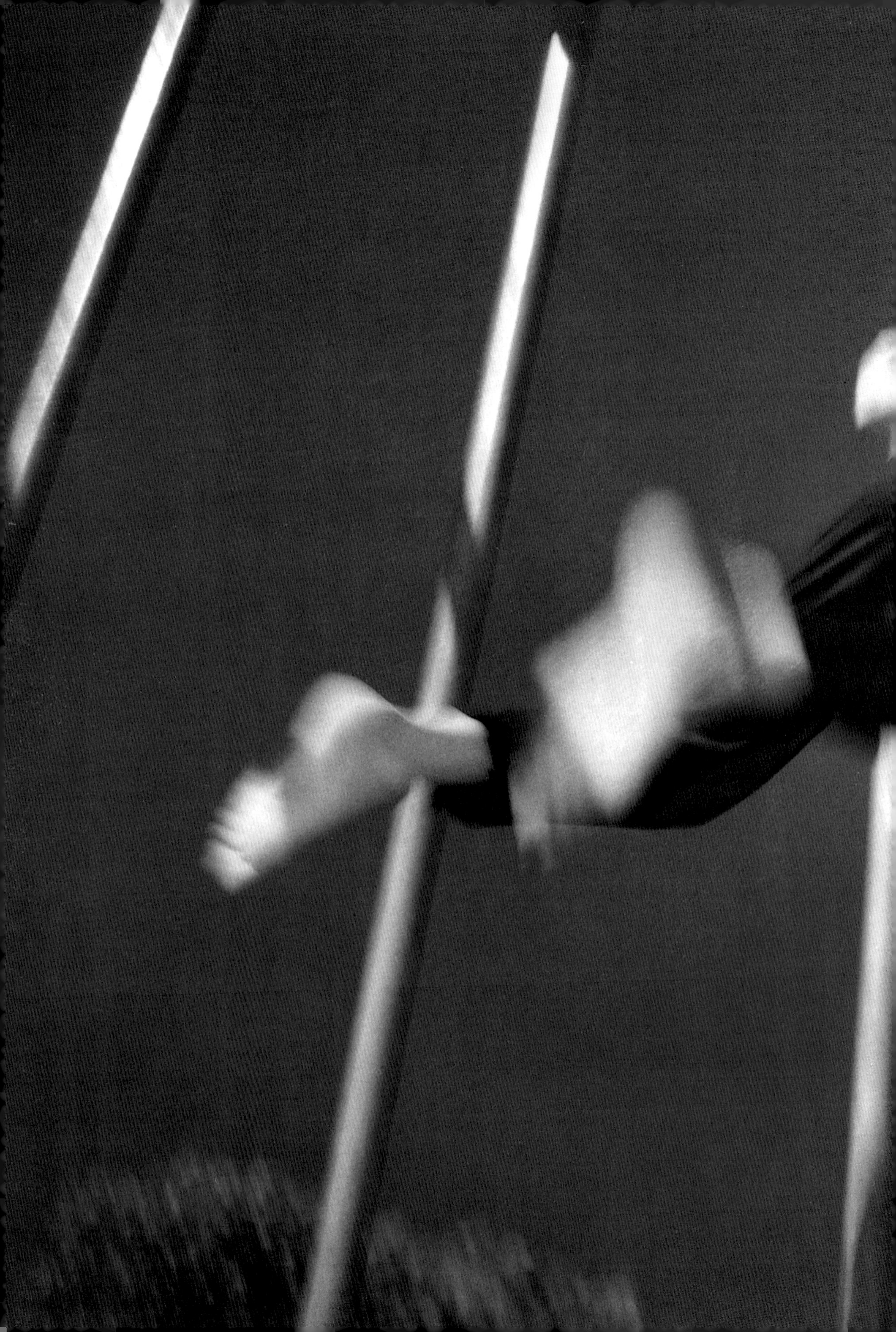

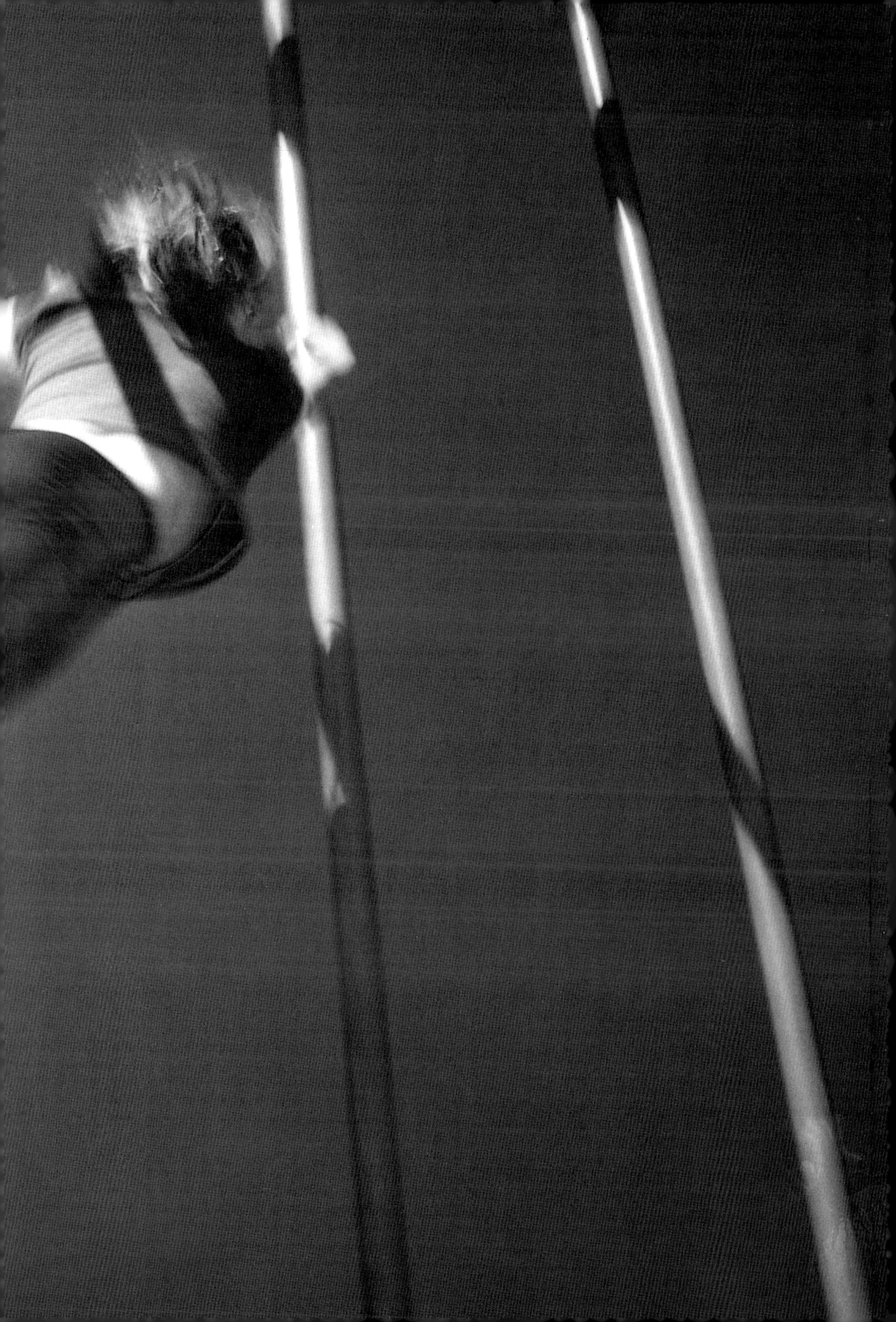

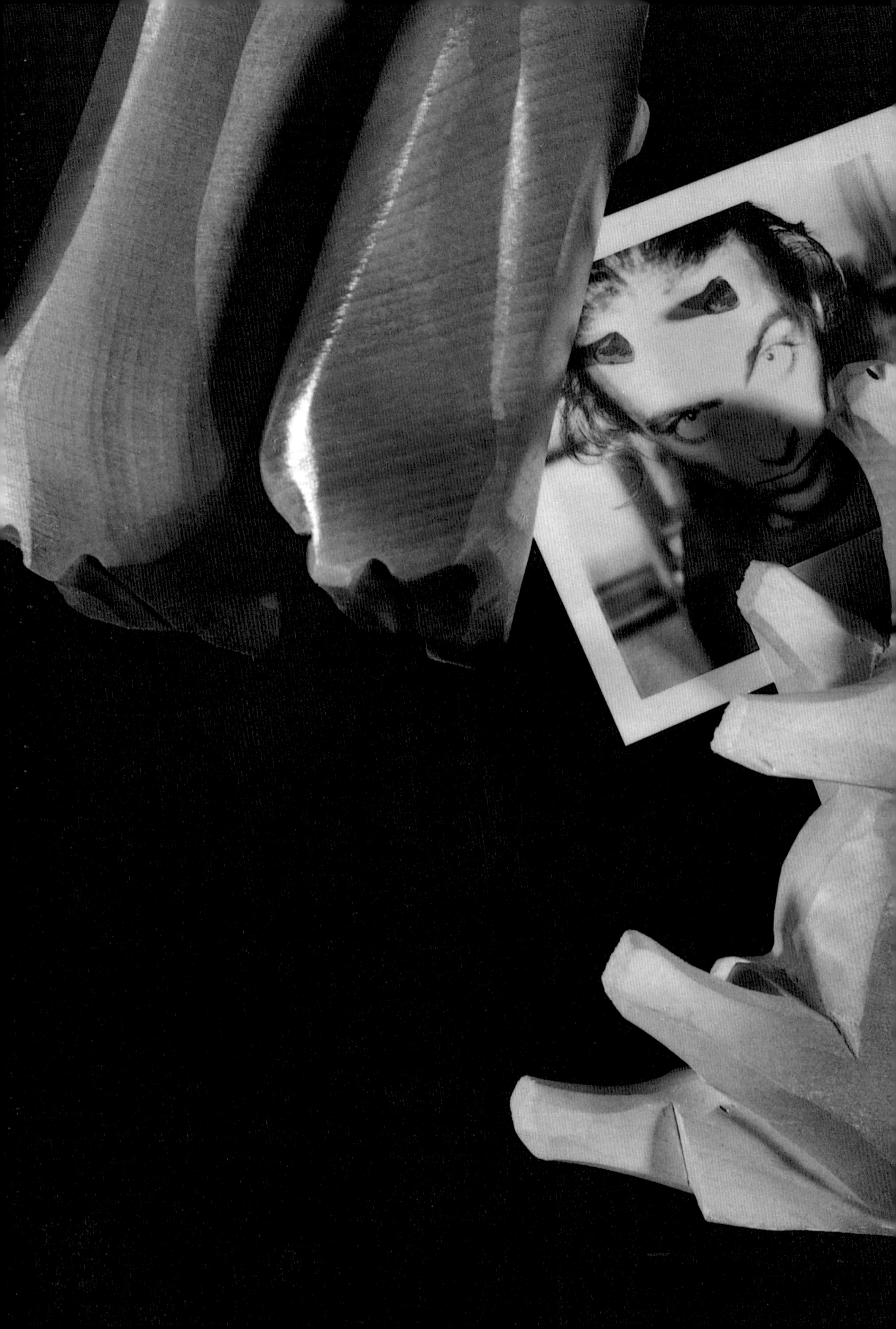

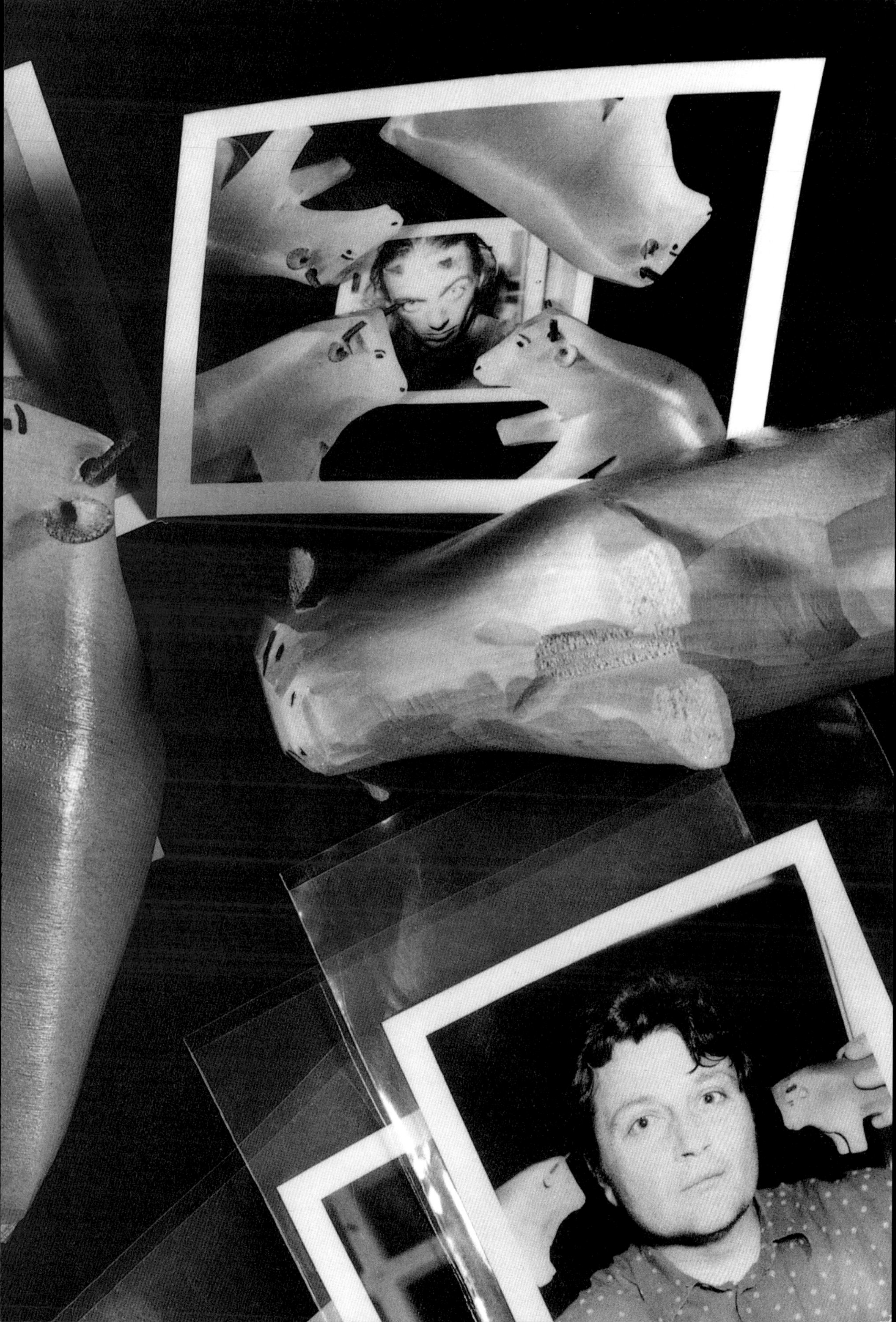

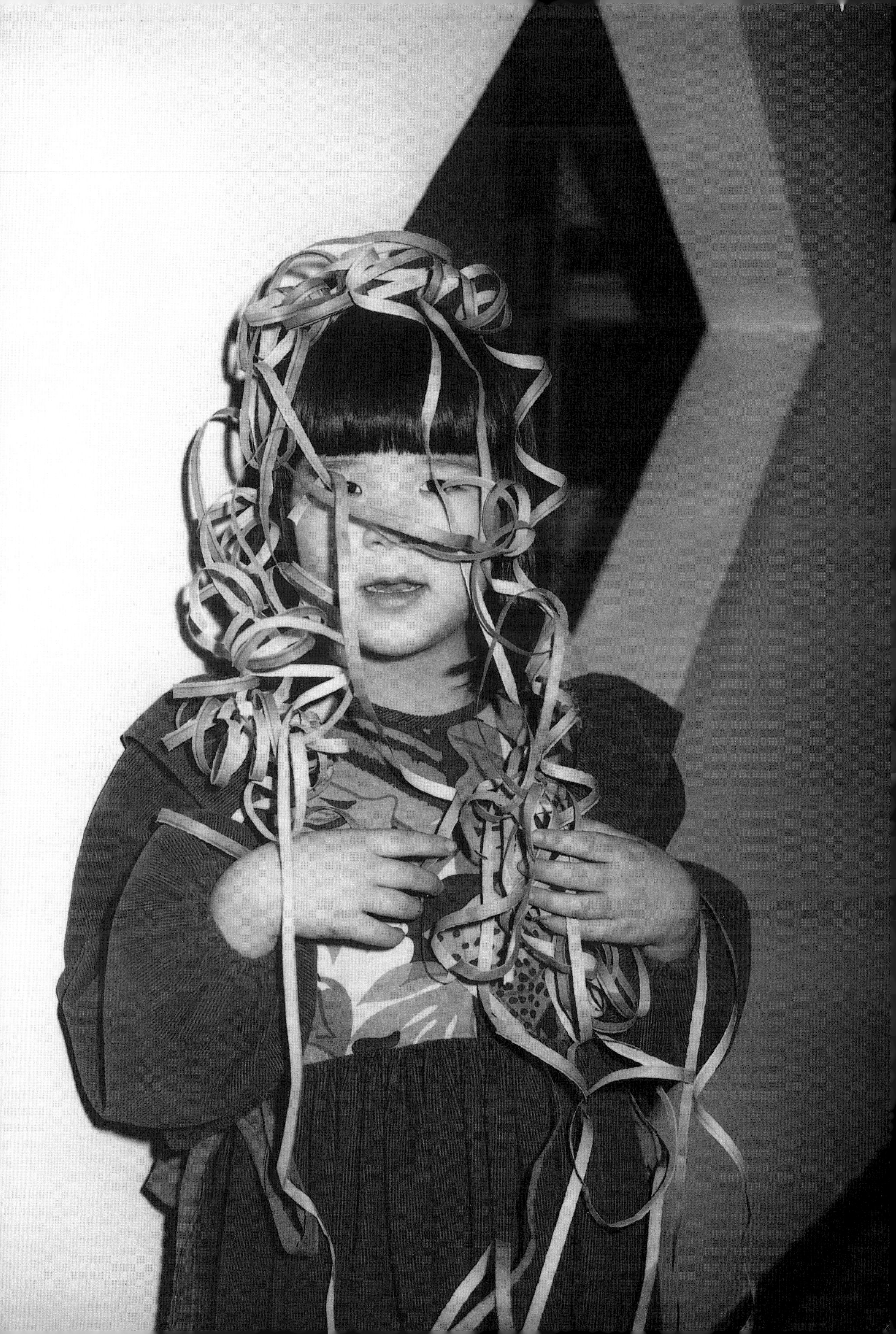

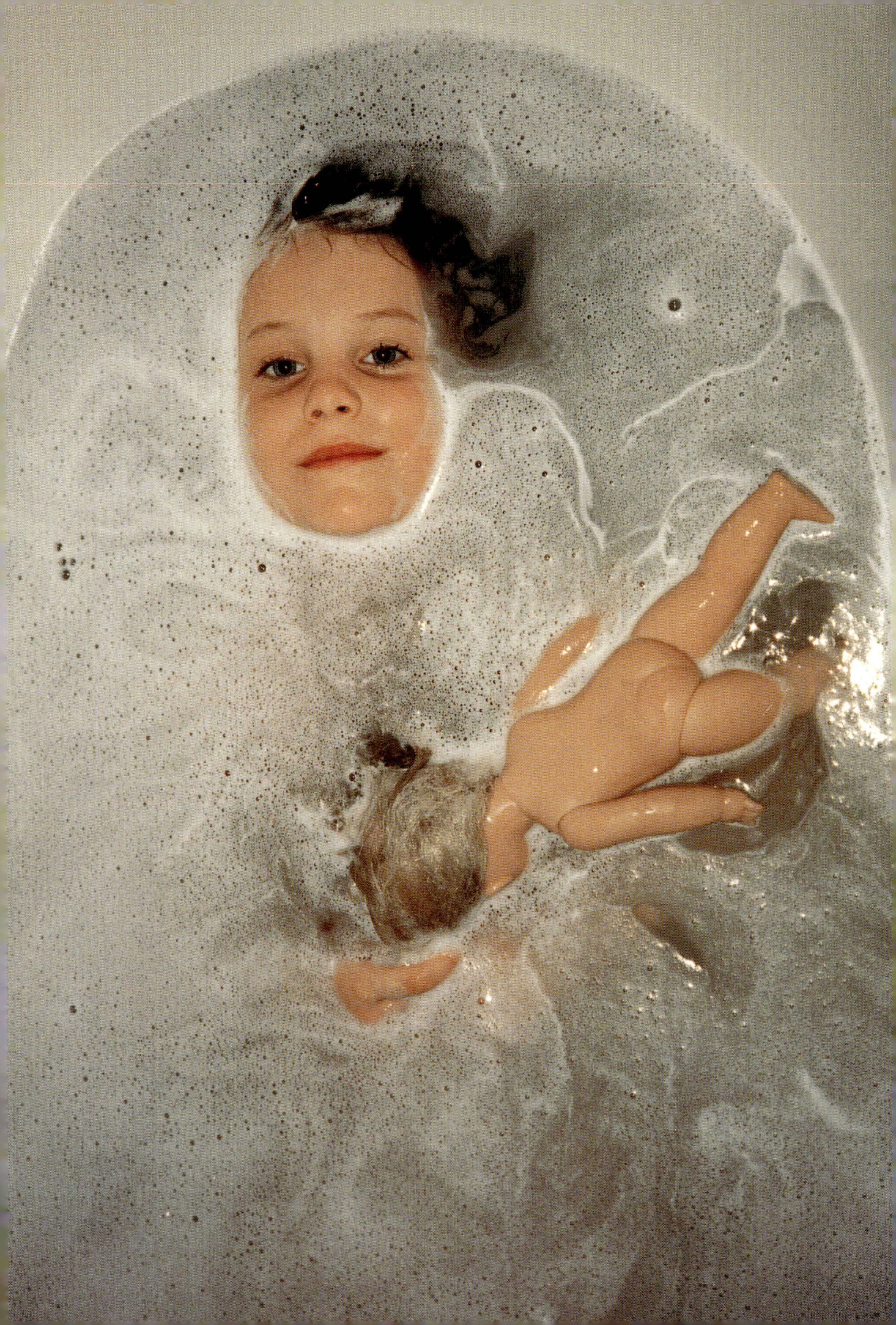

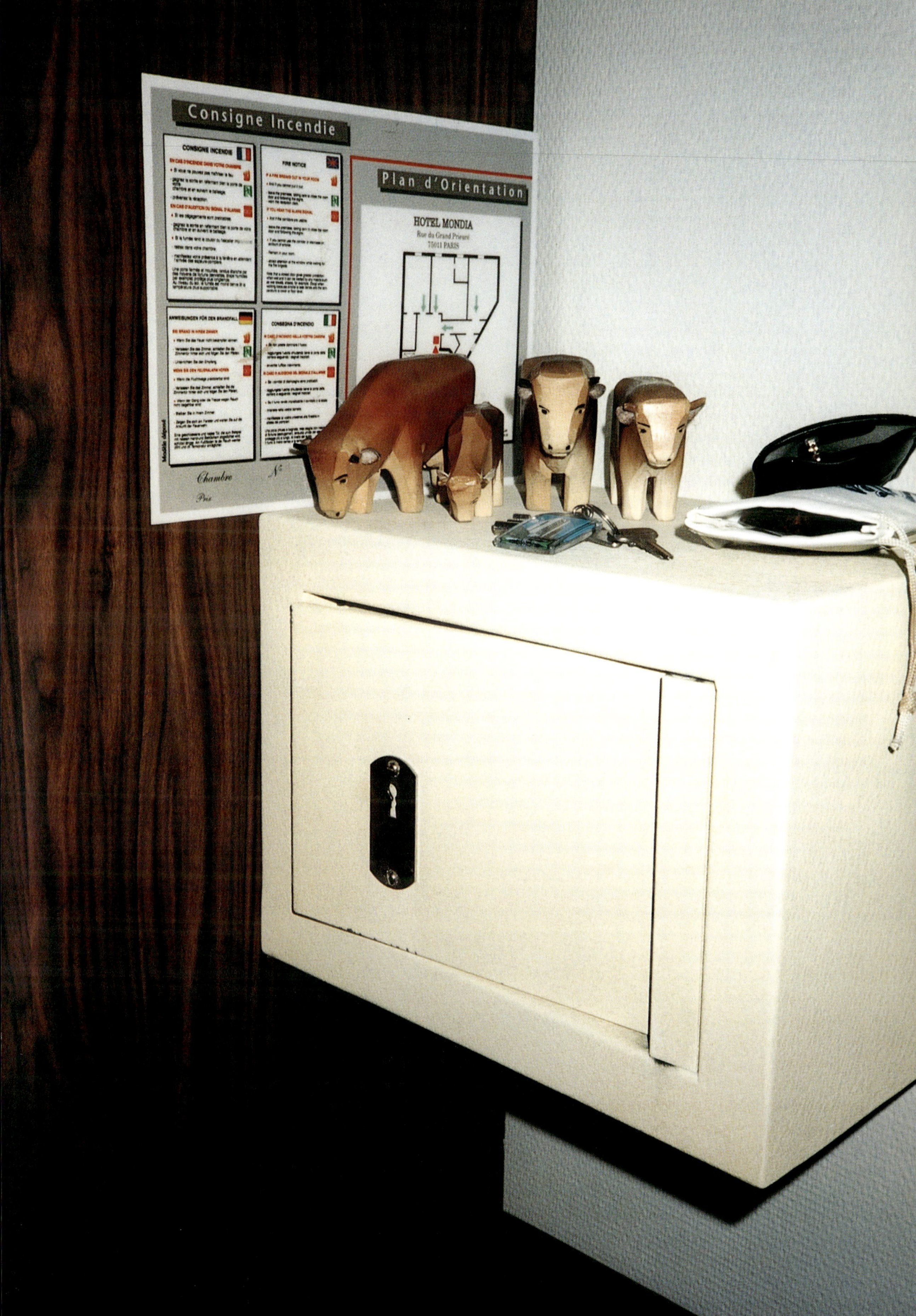
Consigne Incendie
Plan d'Orientation
HOTEL MONDIA
Rue du Grand Prieuré
75011 PARIS
CONSIGNE INCENDIE
FIRE NOTICE
ANWEISUNGEN FÜR DEN BRANDFALL
CONSEGNA D'INCENDIO
Chambre
N°
Prix

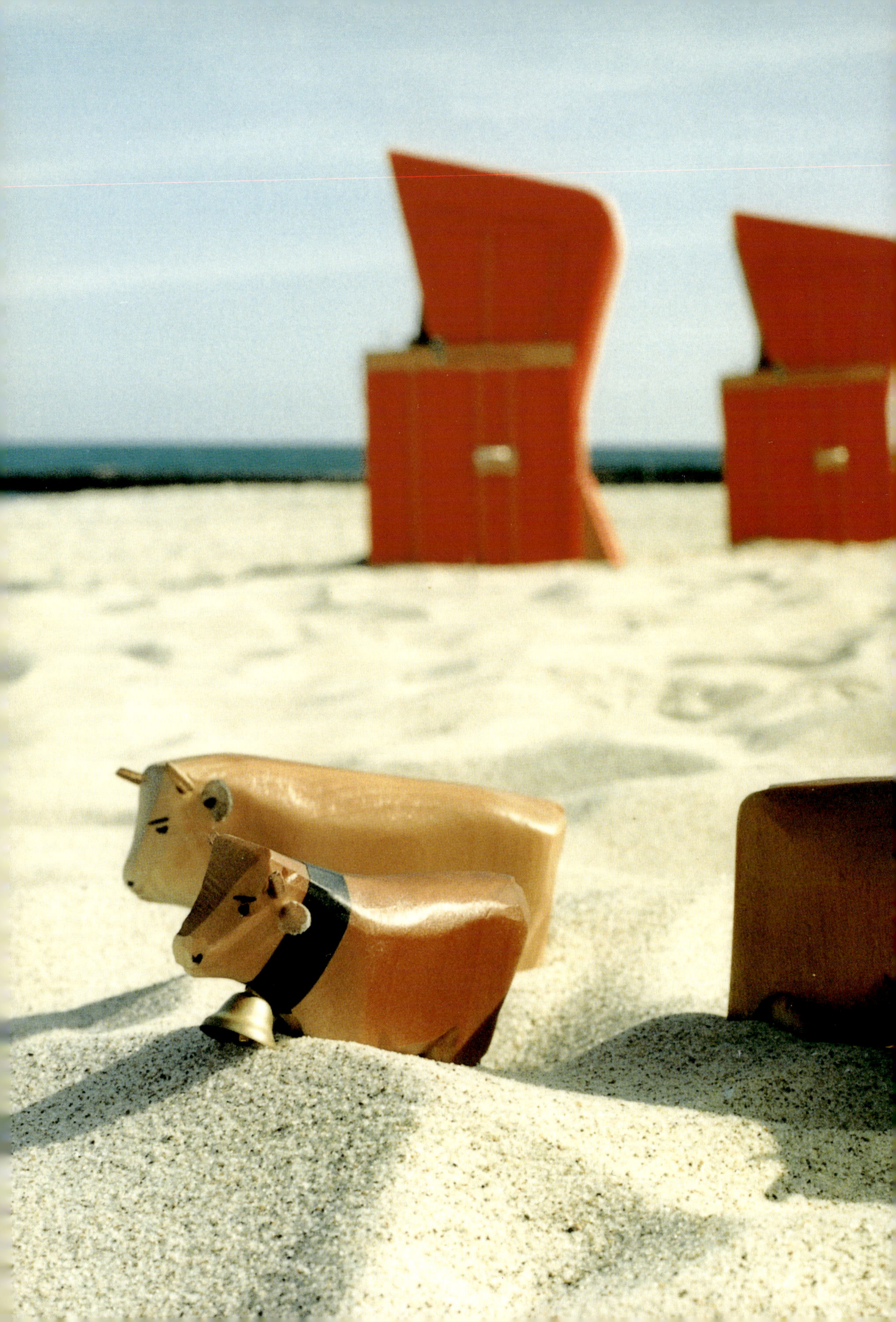

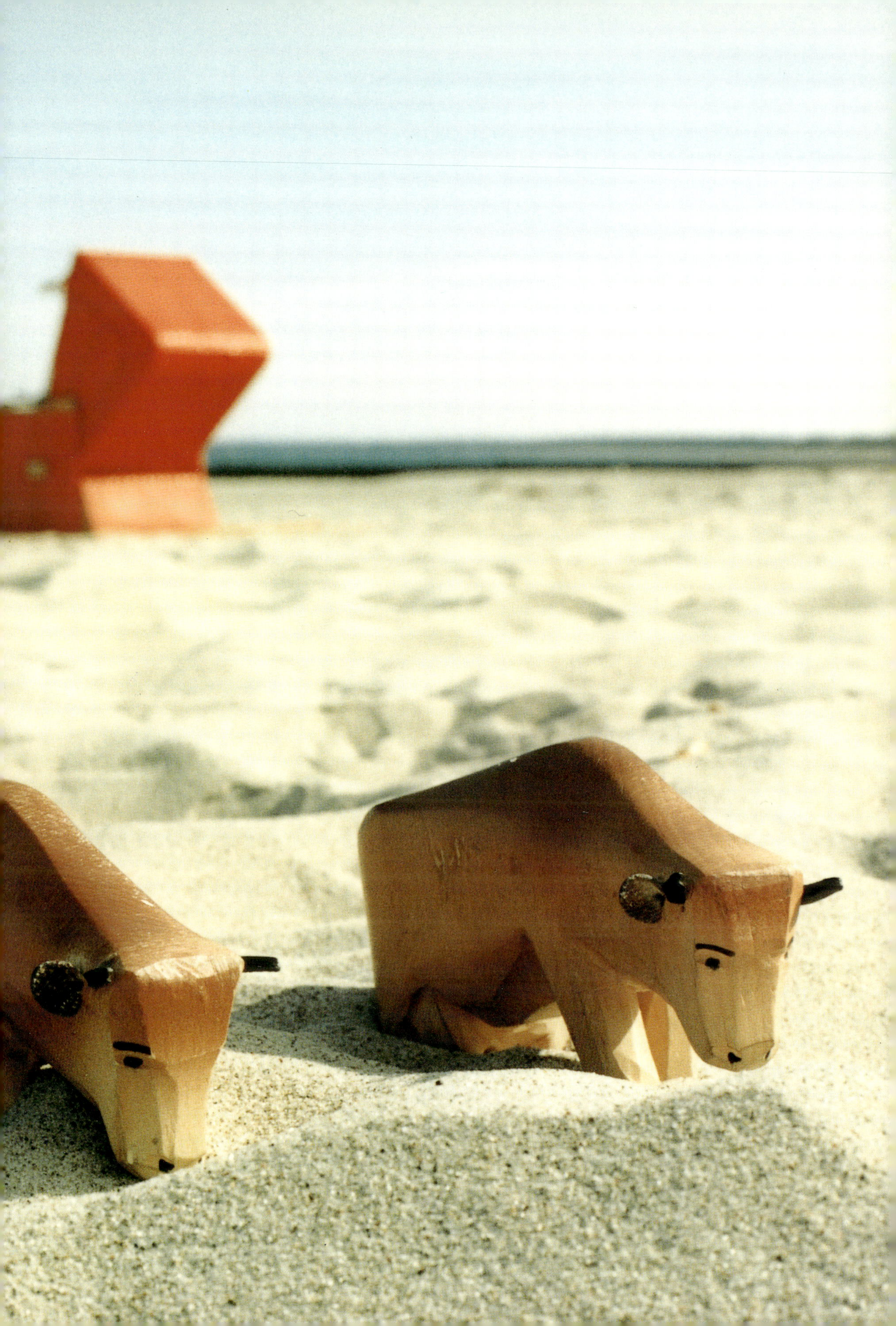

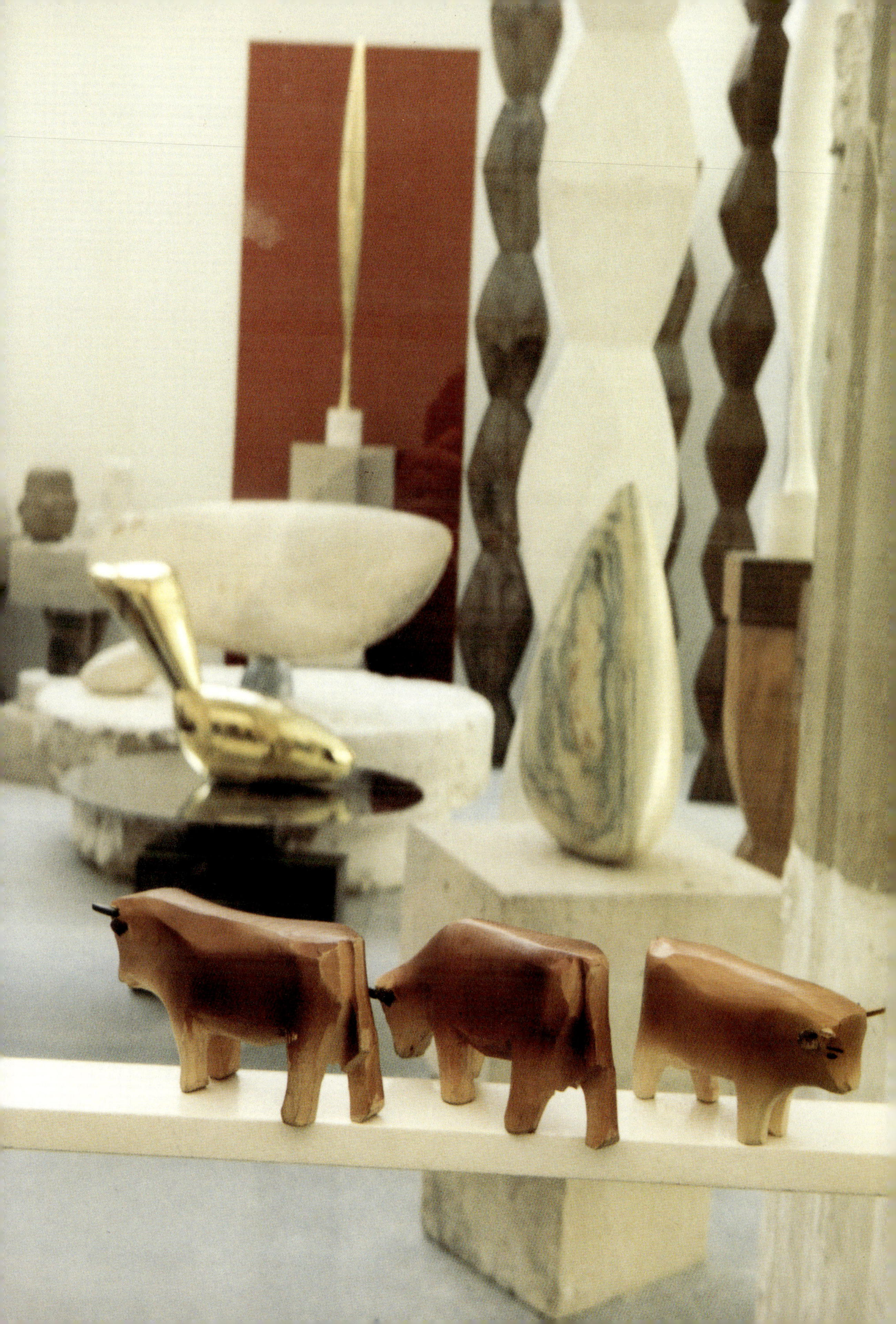

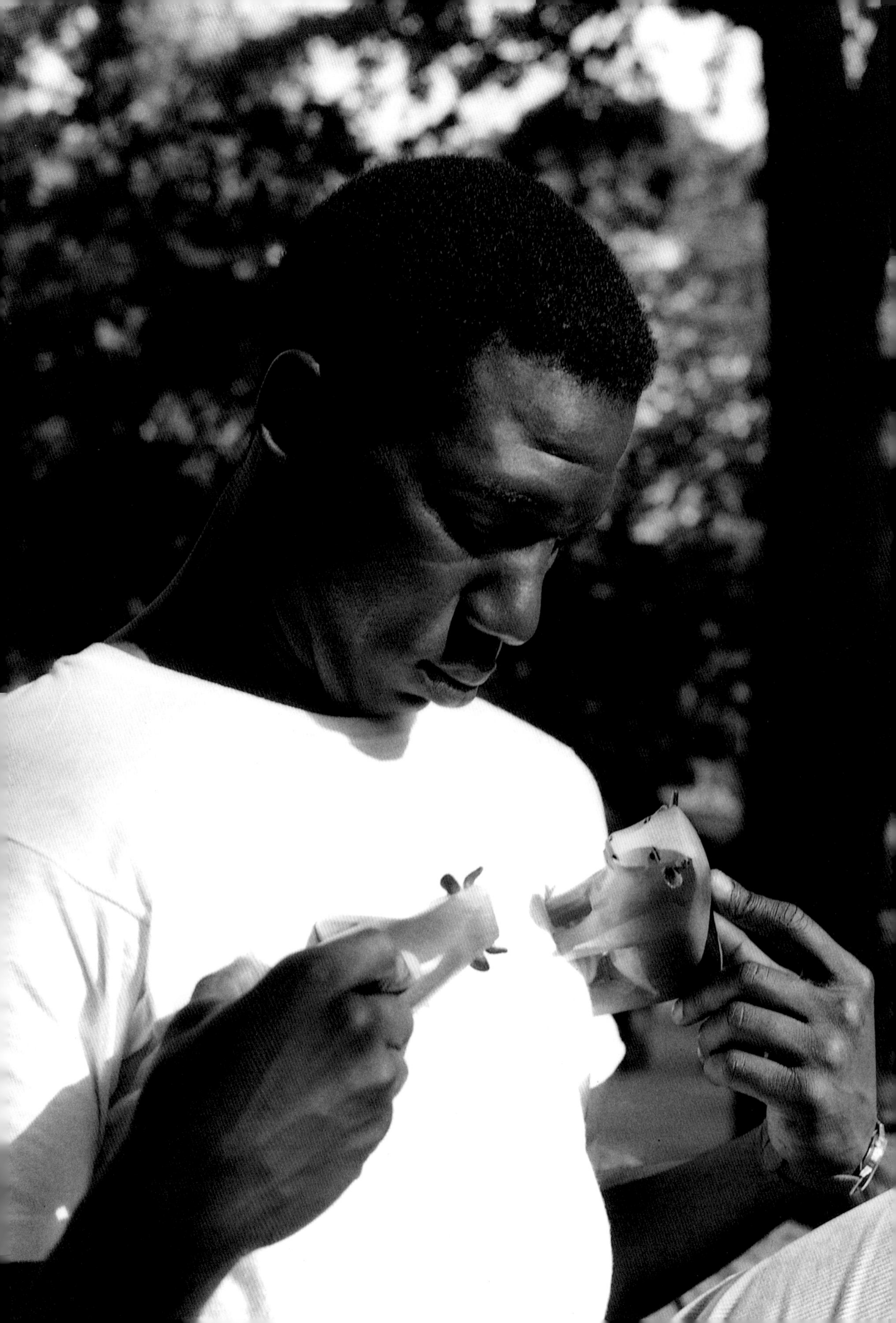

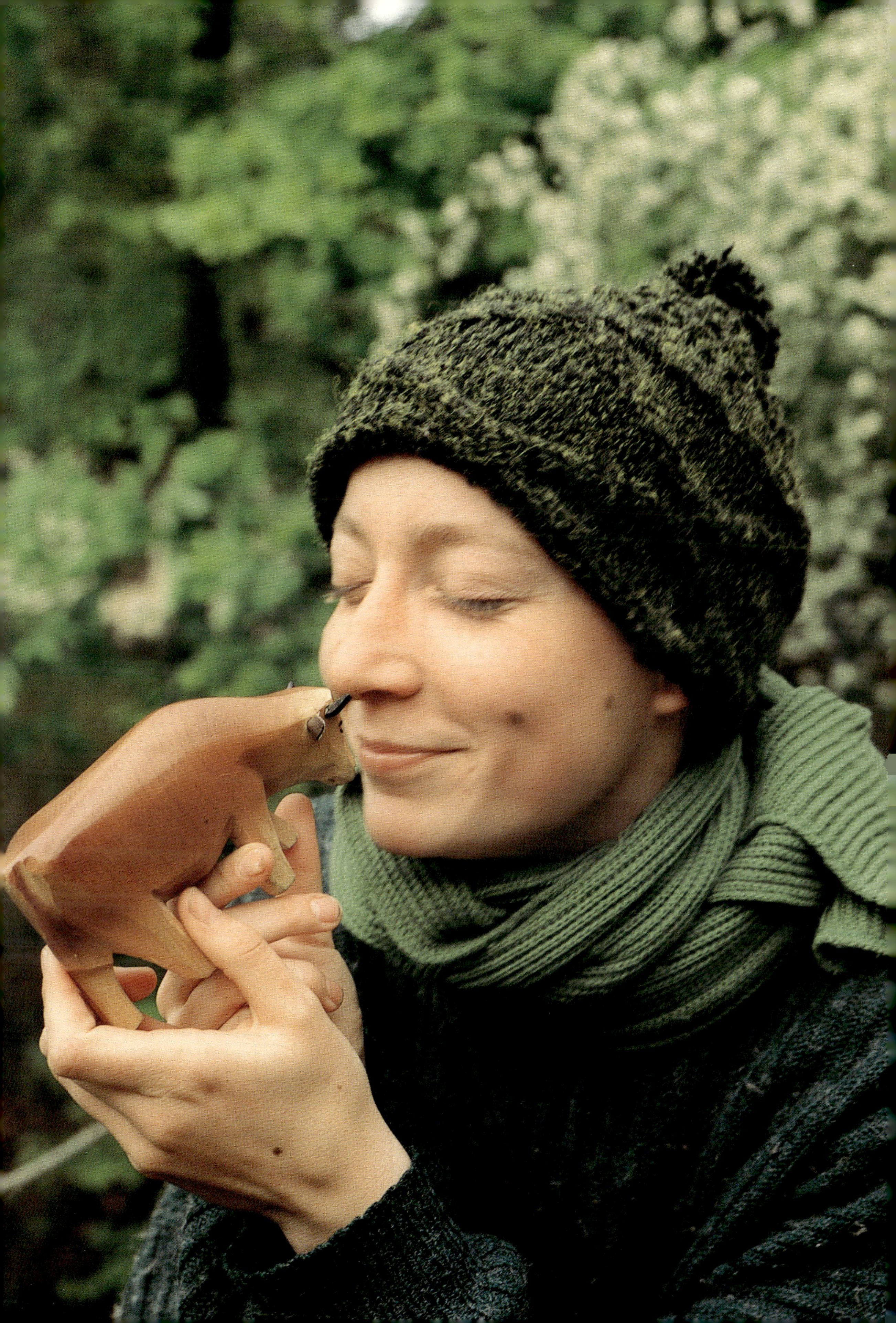

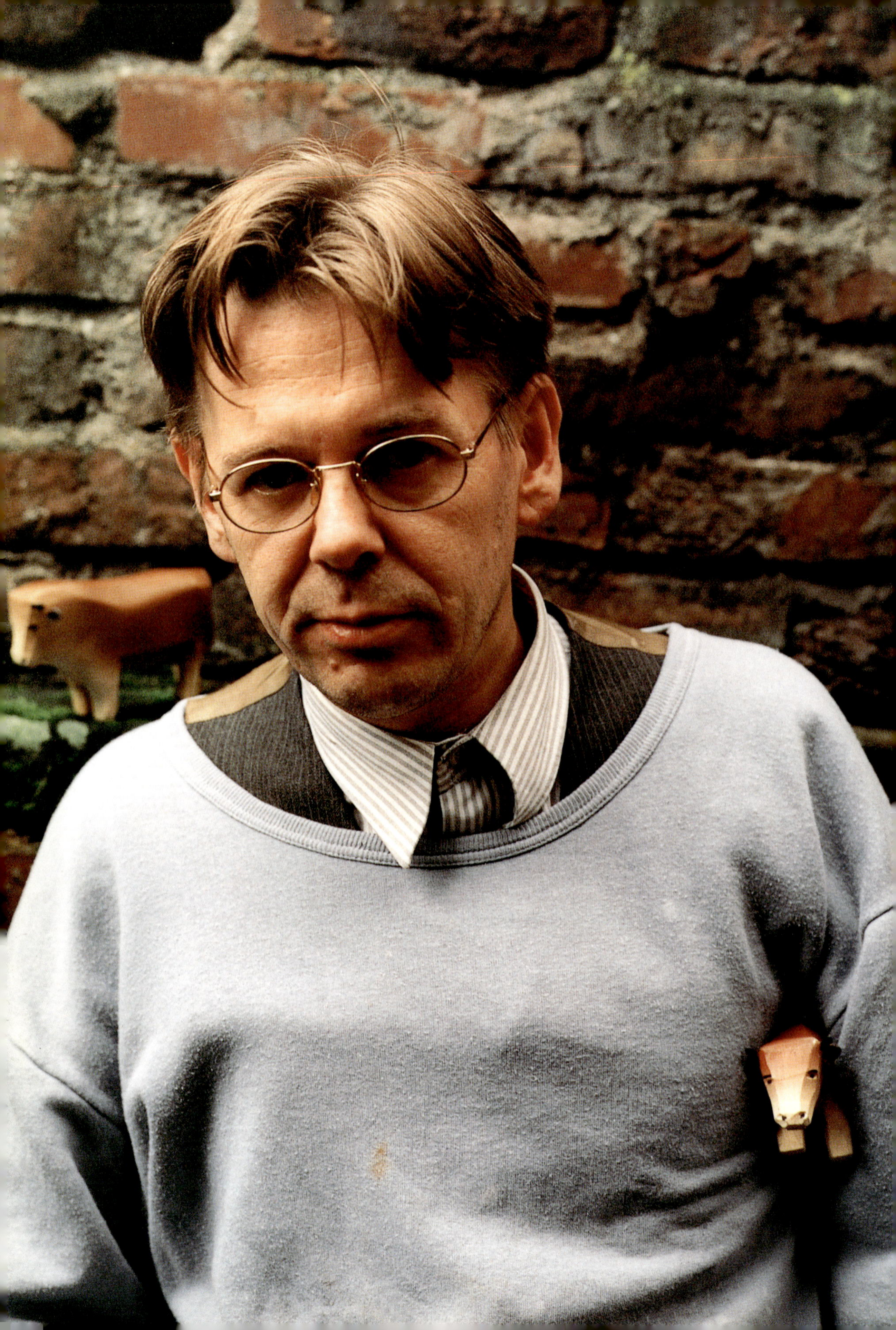

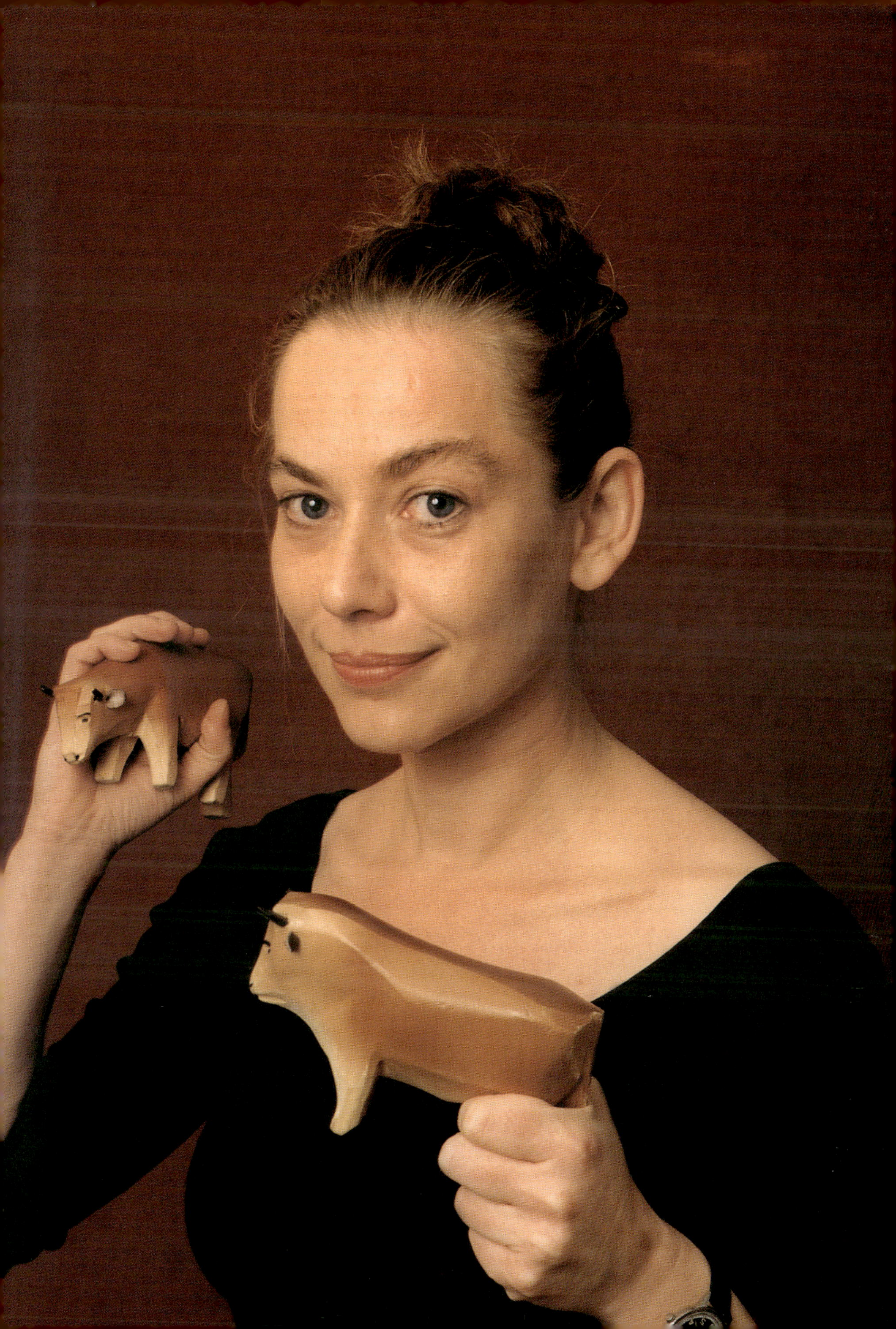

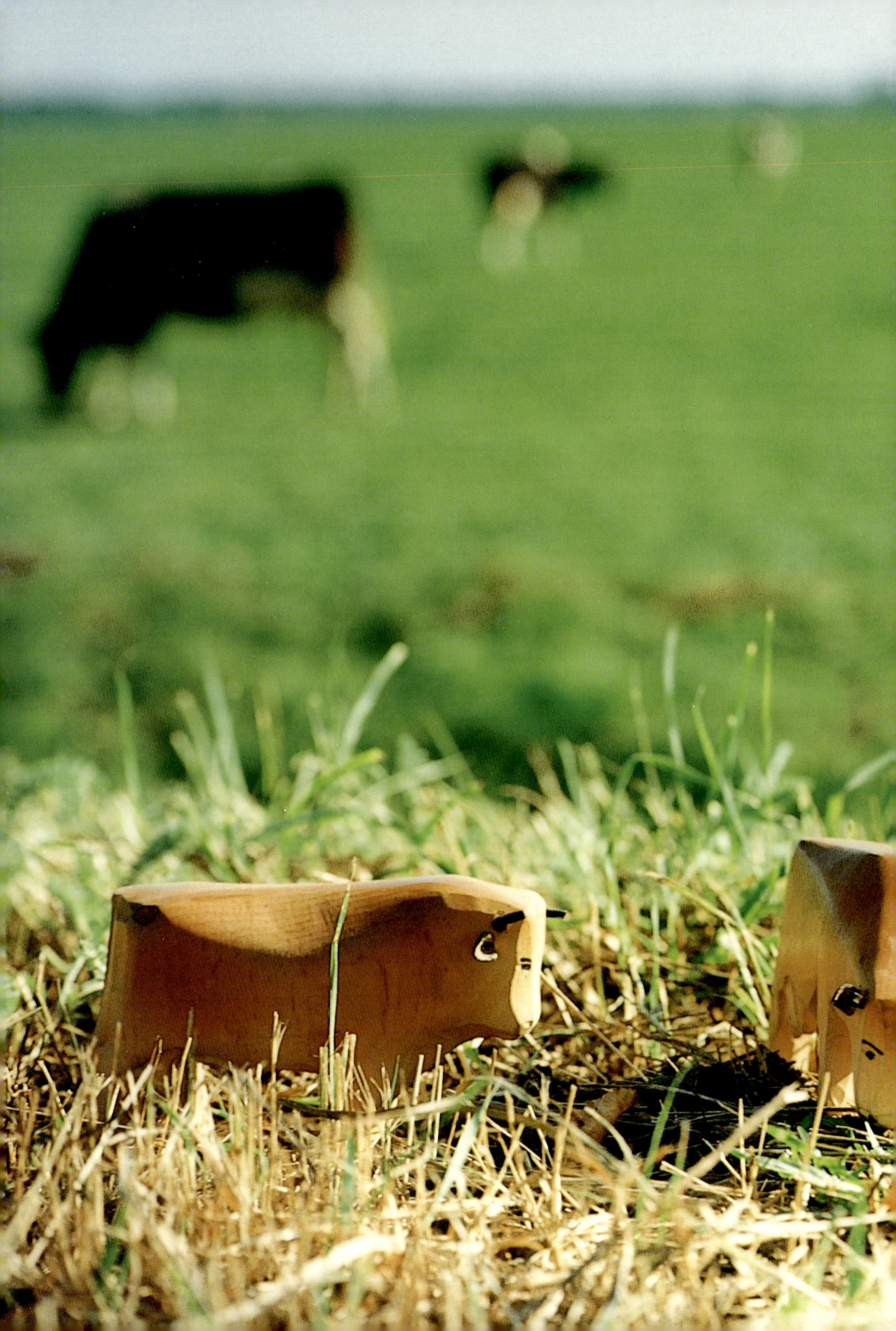

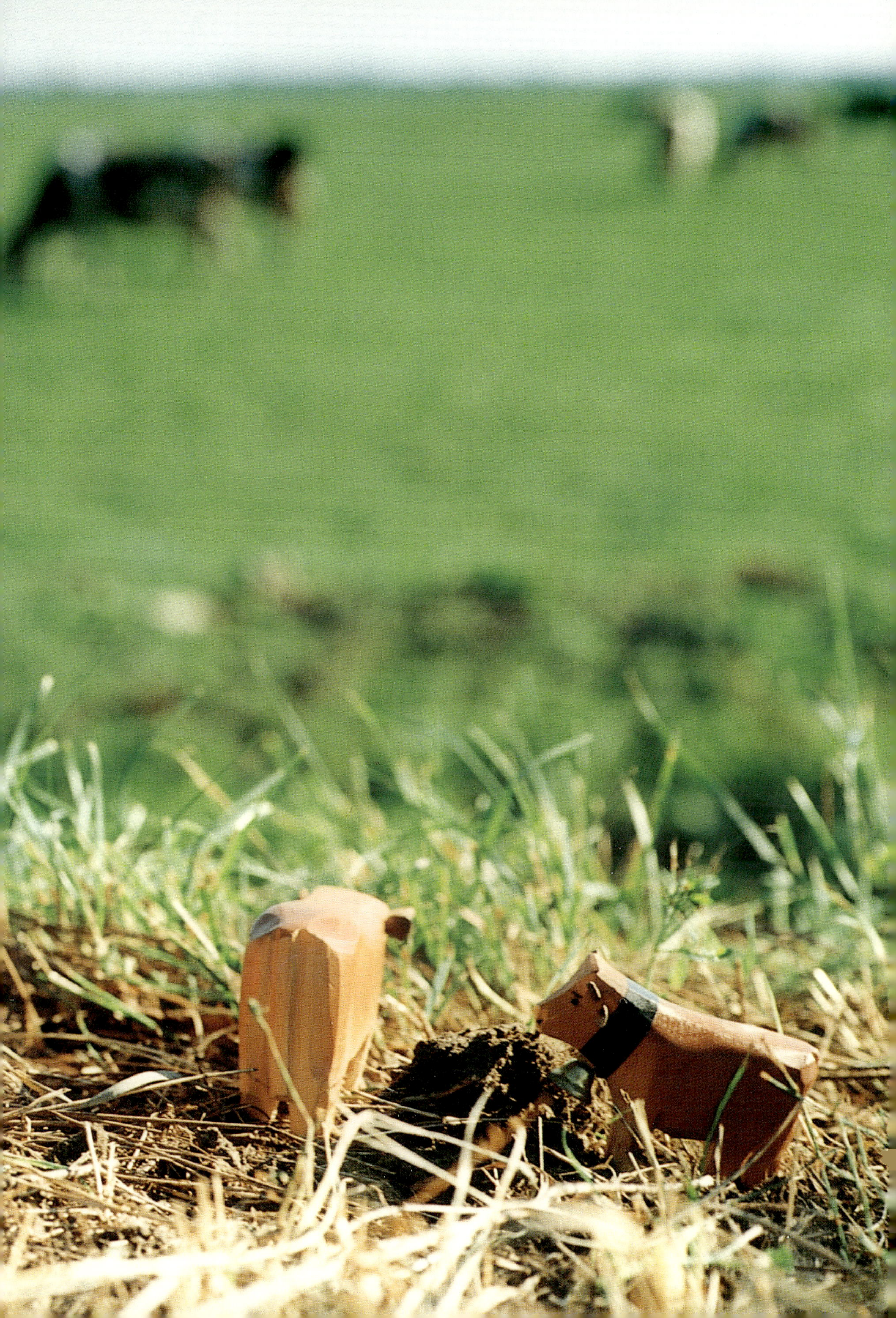

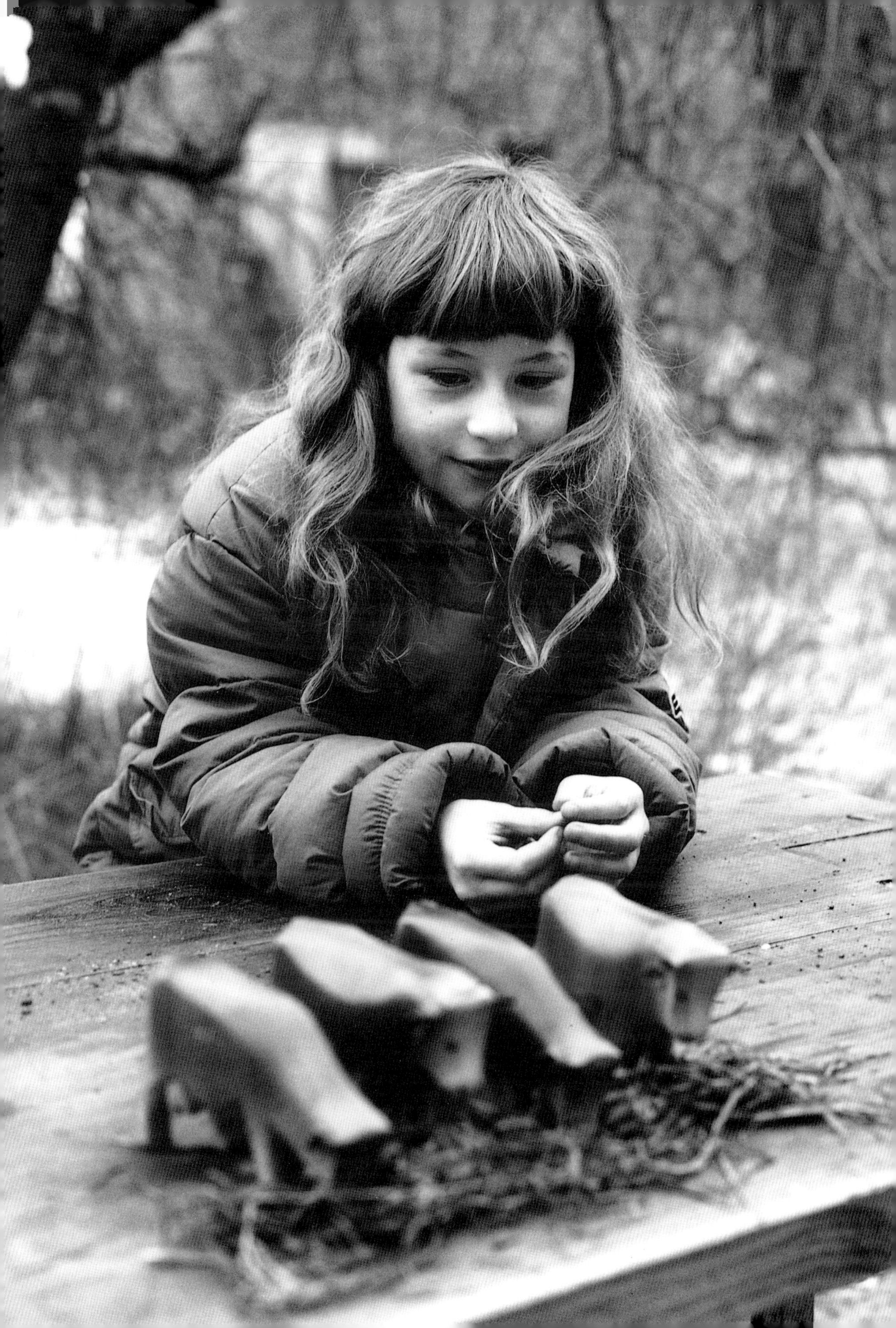

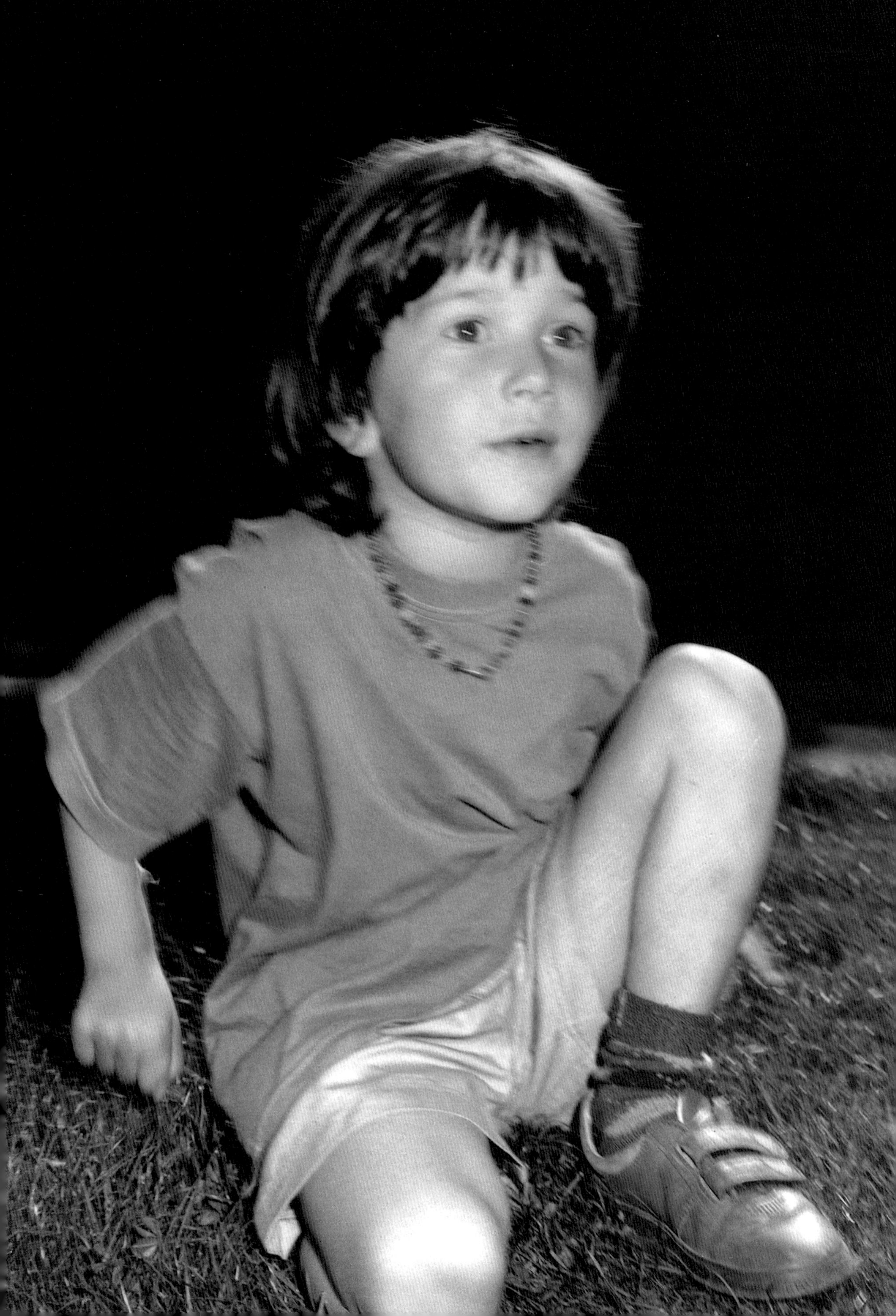

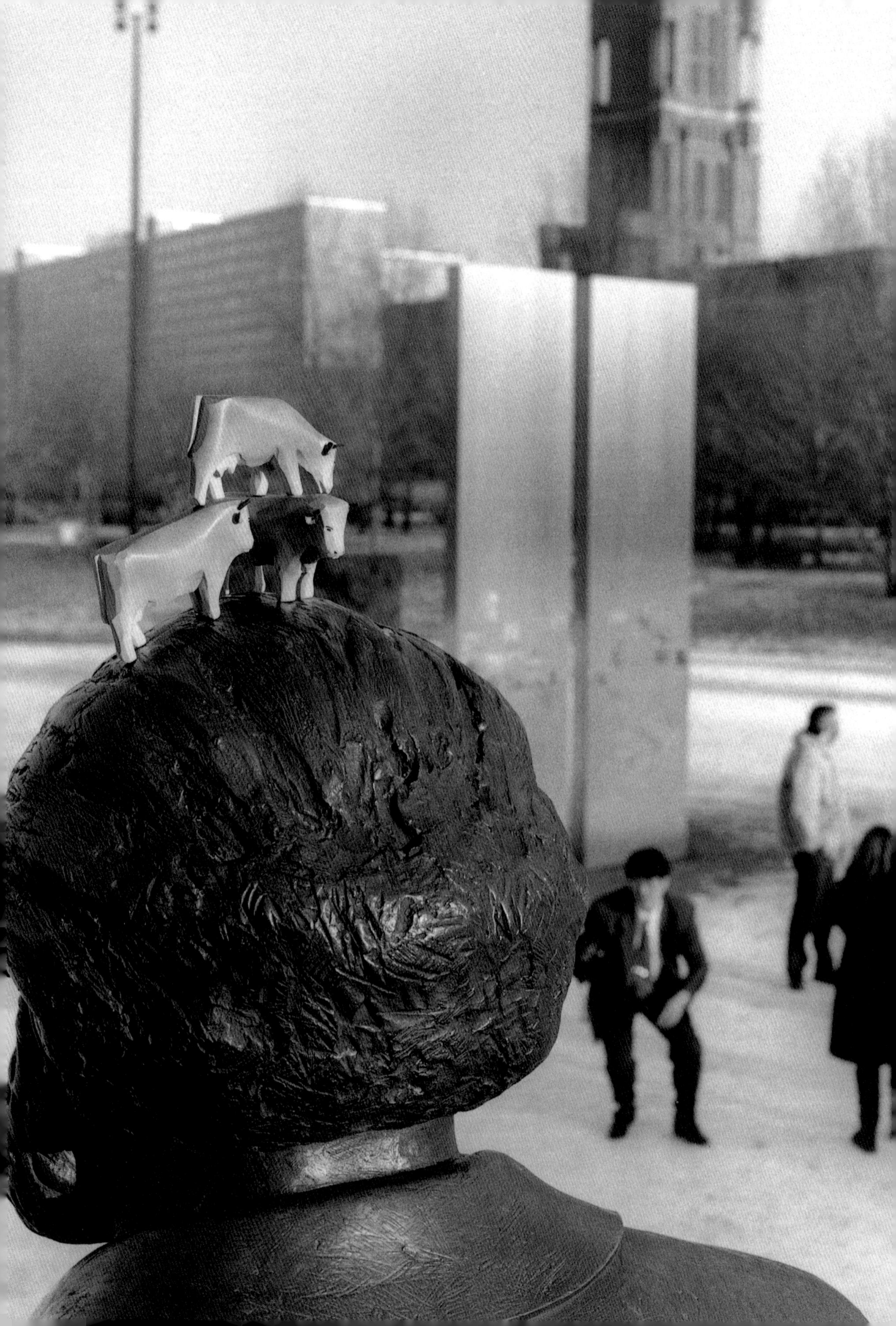

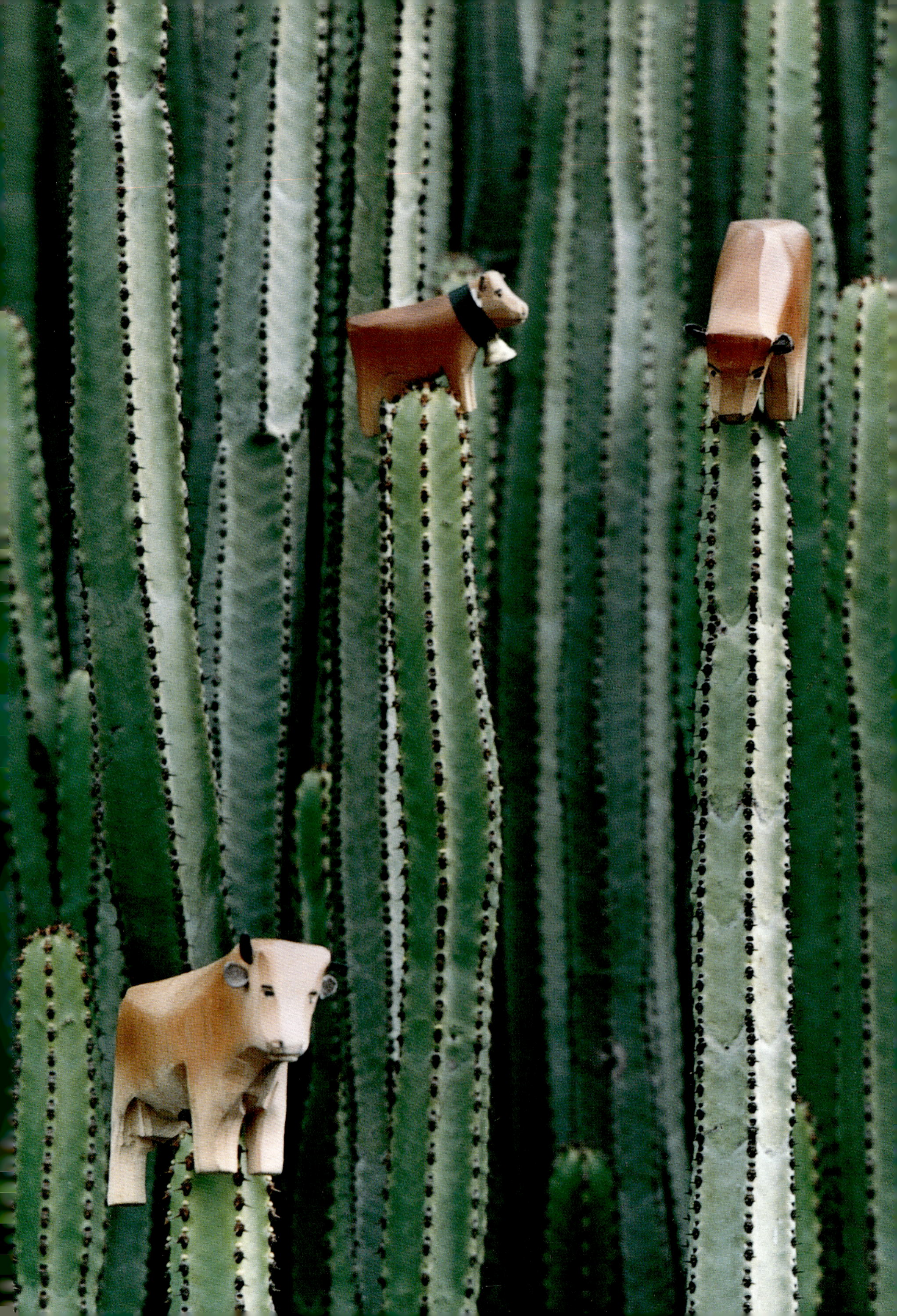

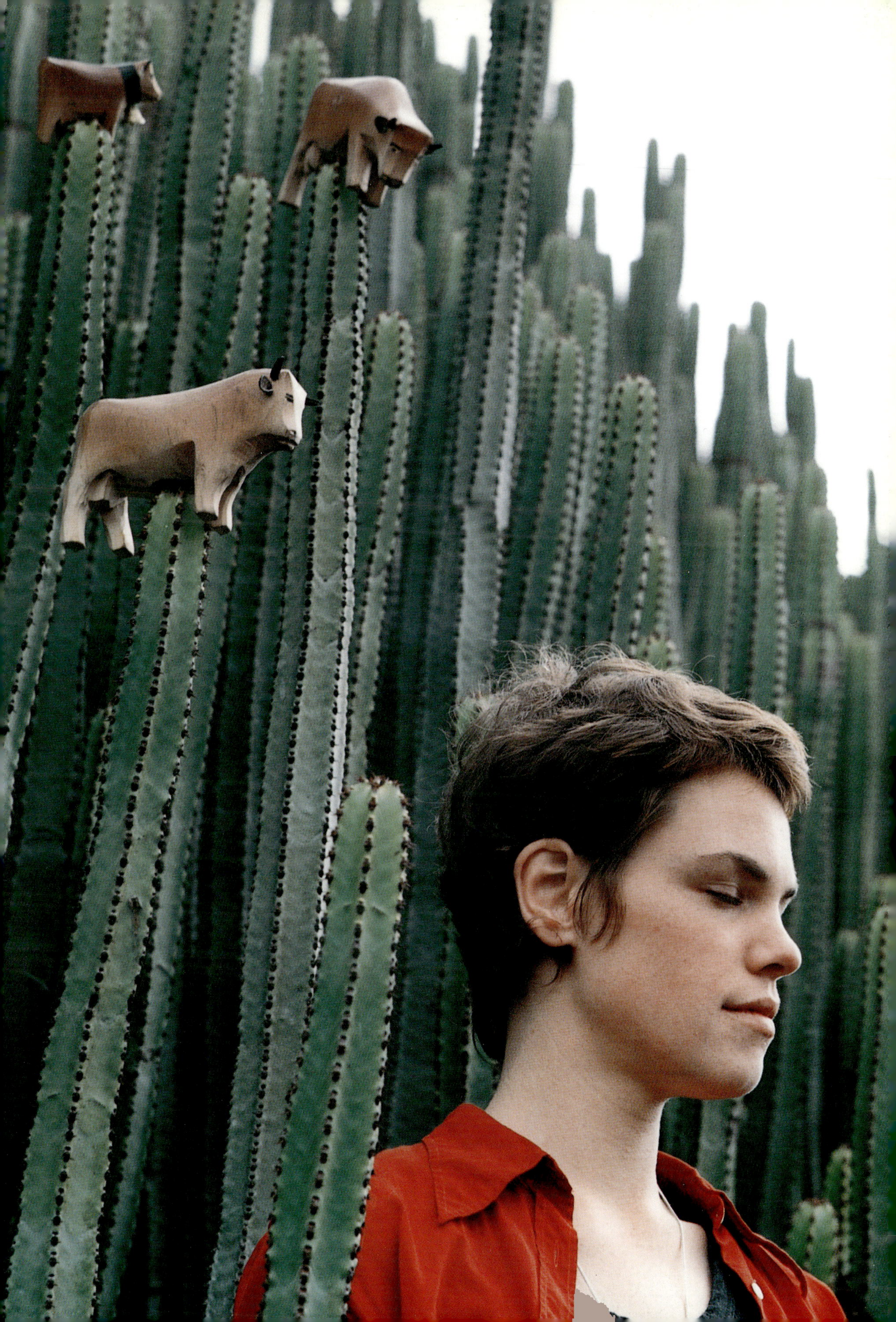

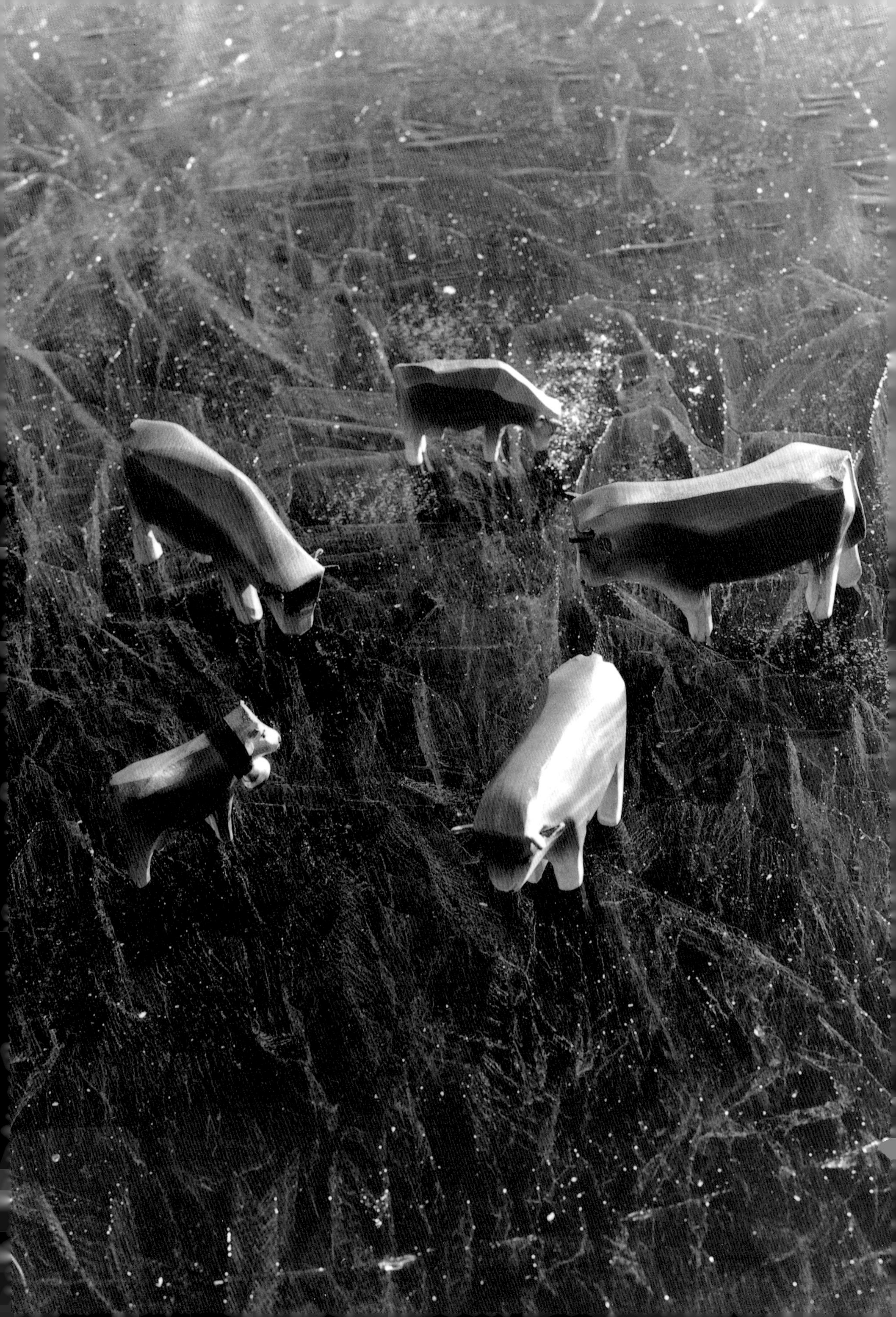

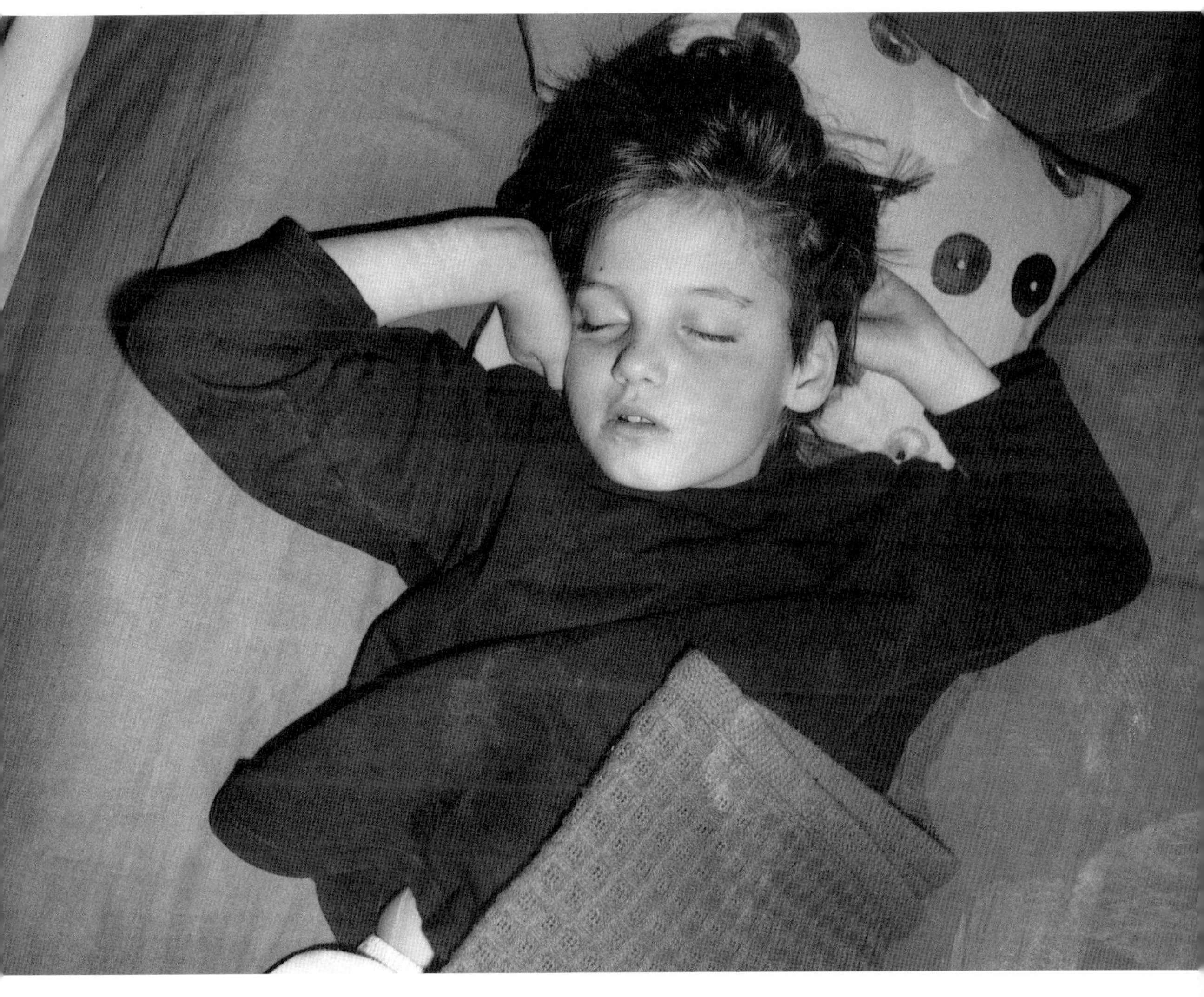

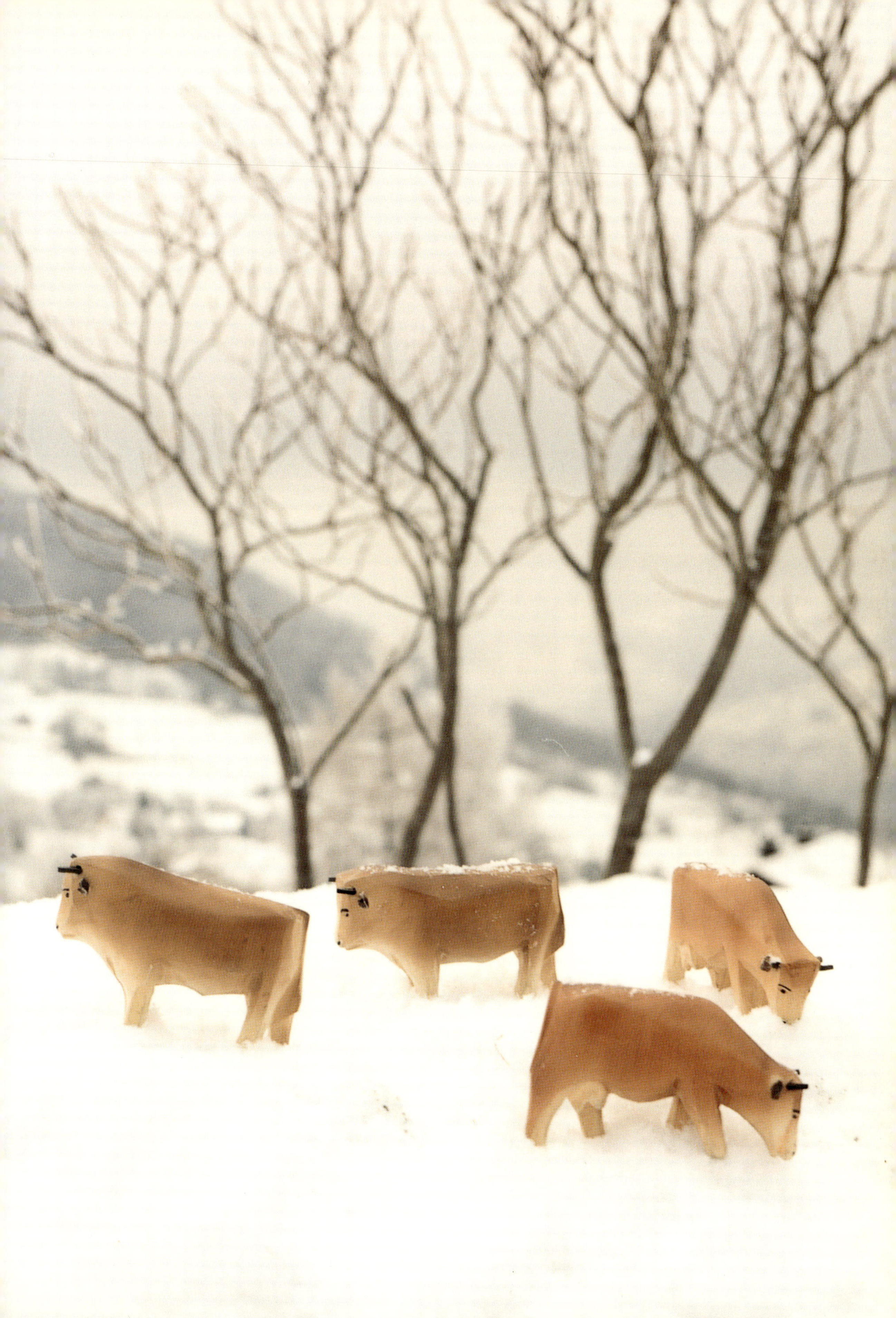

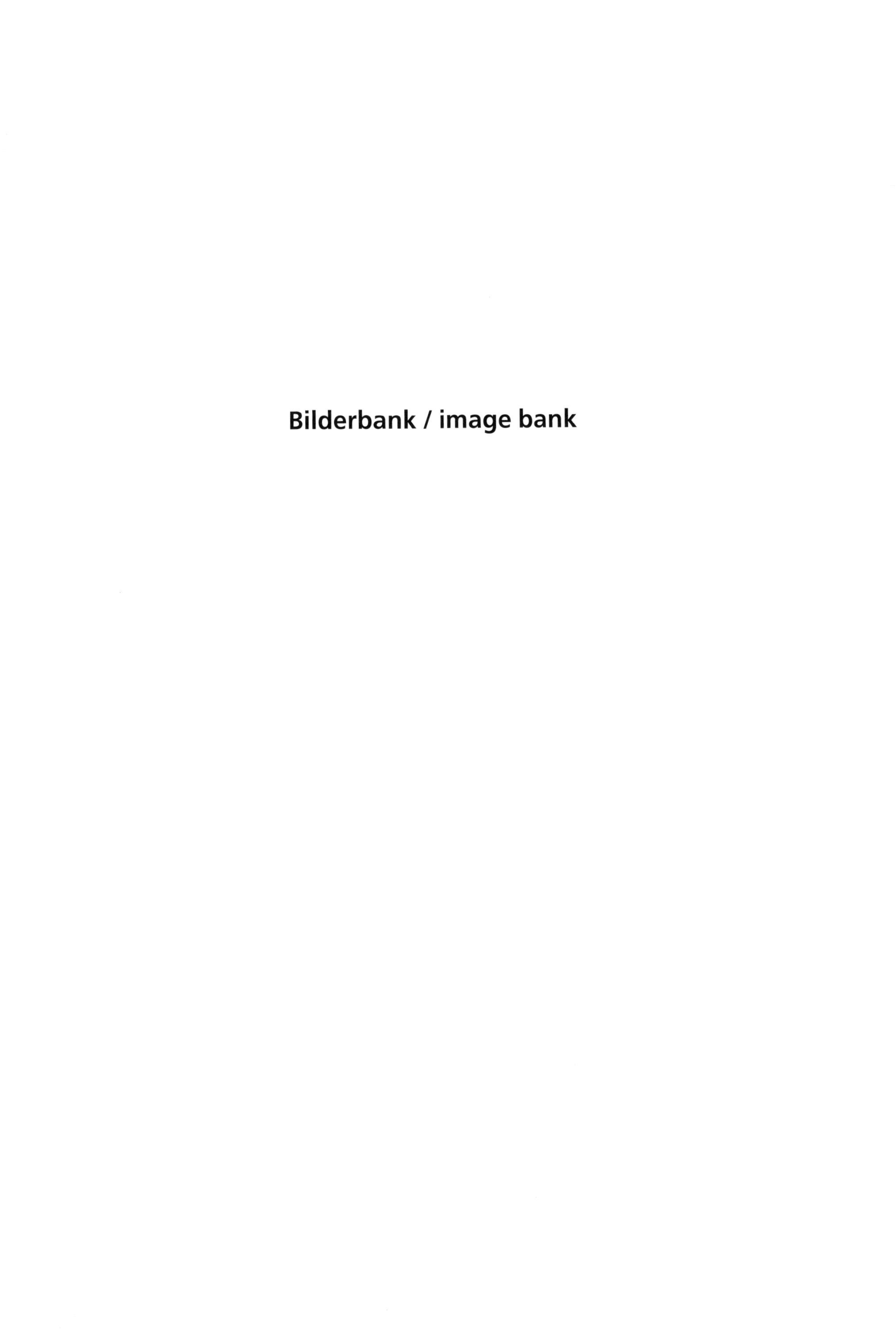

Bilderbank / image bank

Kinder/children

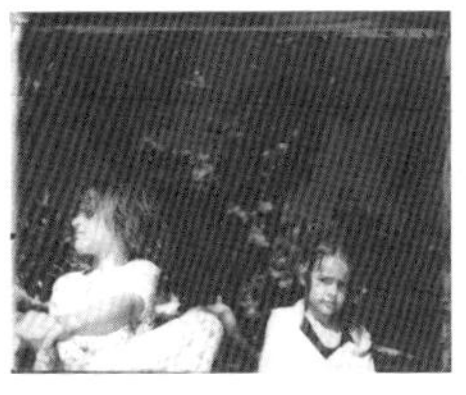

Seline und Jordis

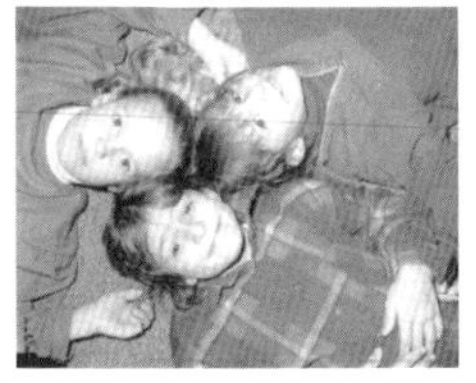

3 Mädchen 1

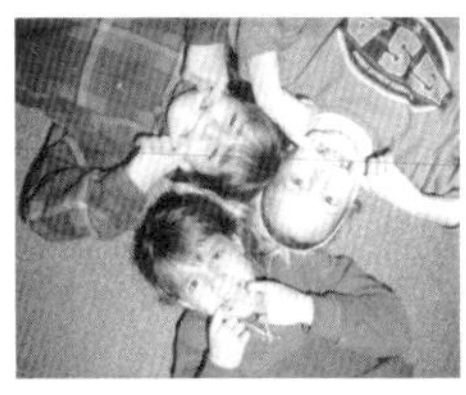

3 Mädchen 2

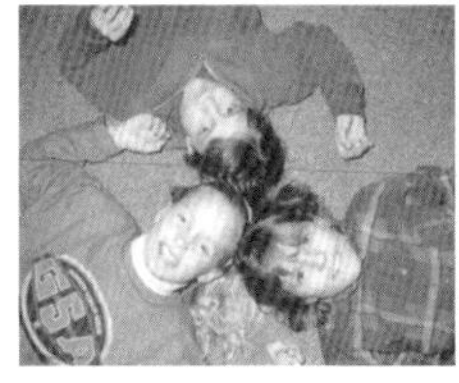

3 Mädchen 3

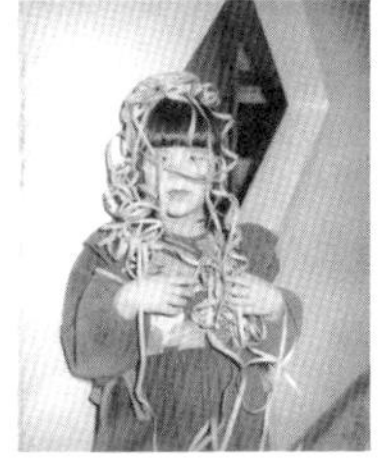

Erschena

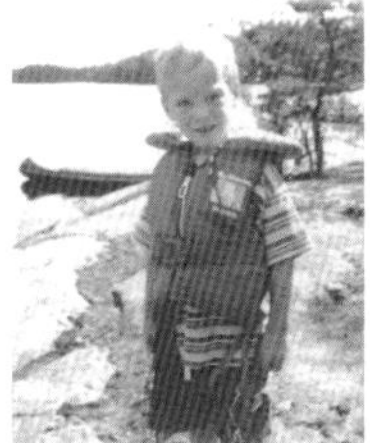

Vincent mit
Schwimmweste 1

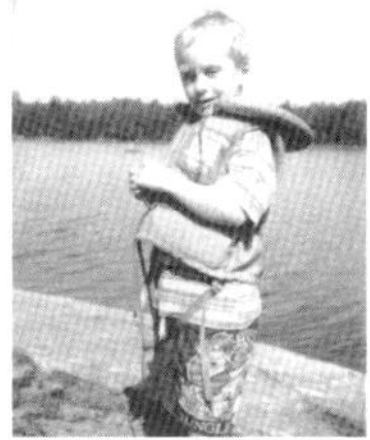

Vincent mit
Schwimmweste 2

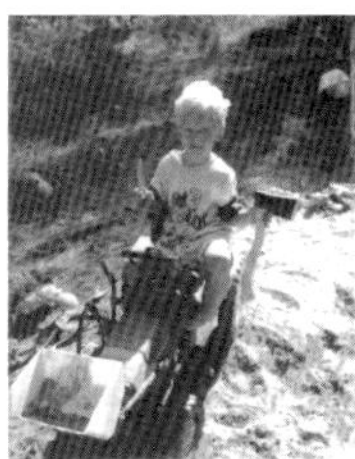

Jonathan auf
Trecker

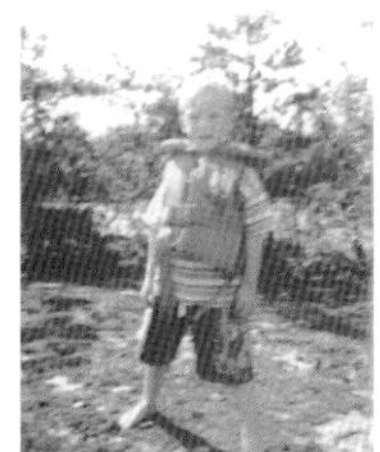

Vincent mit
Schwimmweste 3

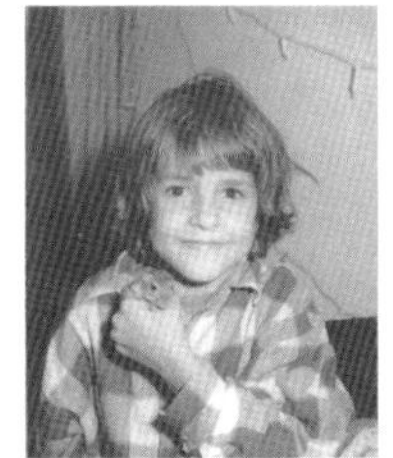

Jordis mit Maus

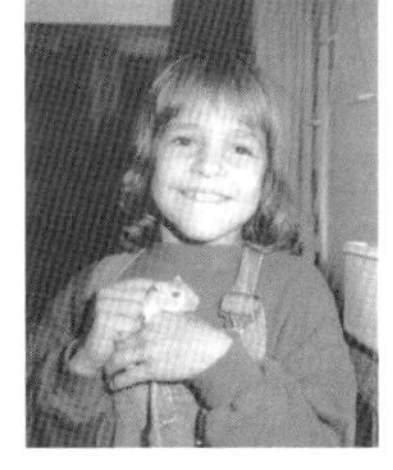

Seline mit Maus

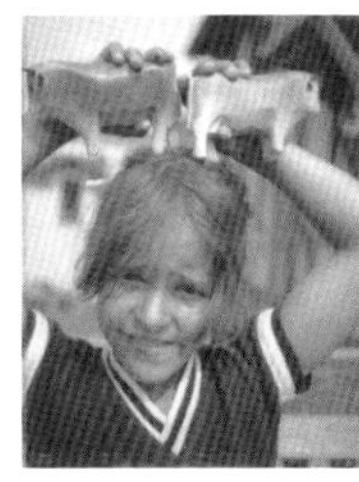

Seline posierend

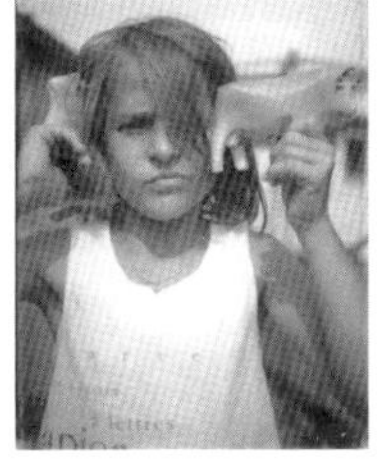

Jordis posierend

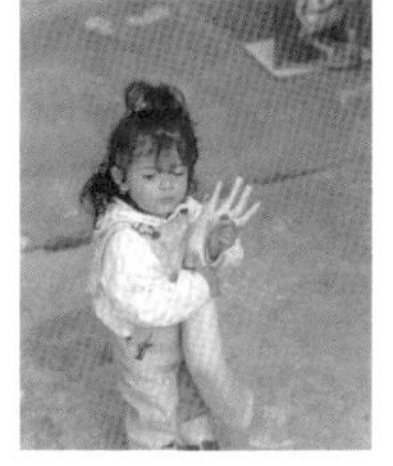

Kind mit Arm

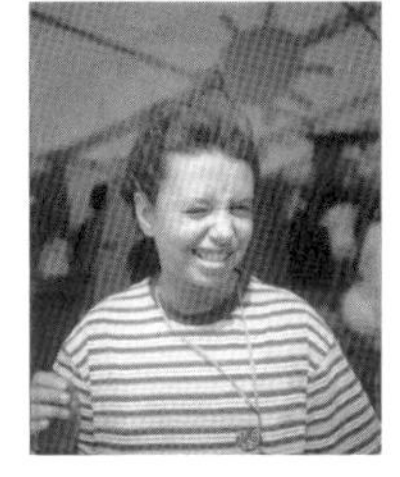

Anna im Luftstrom

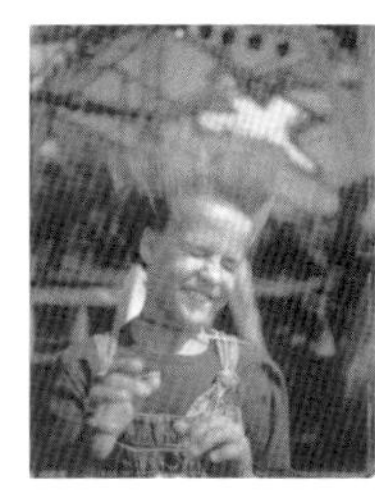

Jordis im Luftstrom

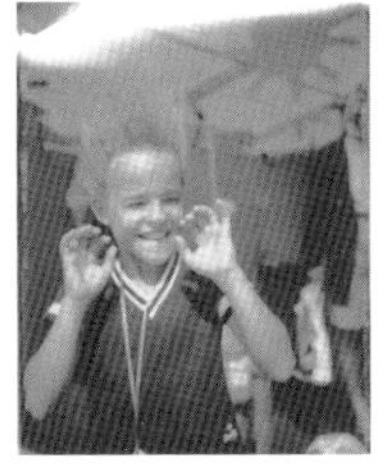

Seline im Luftstrom

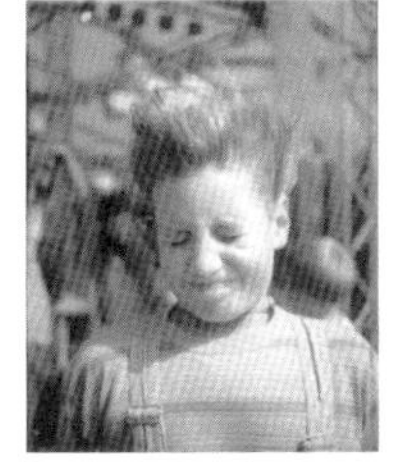

Gina im Luftstrom

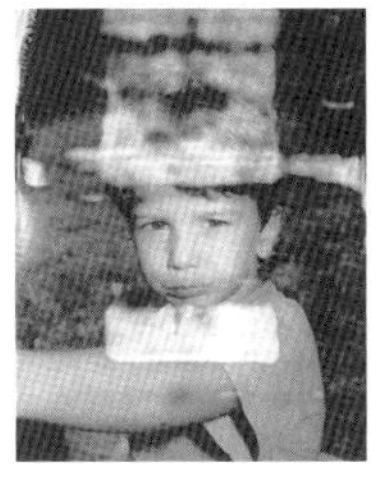

Luca und
Reflexionen

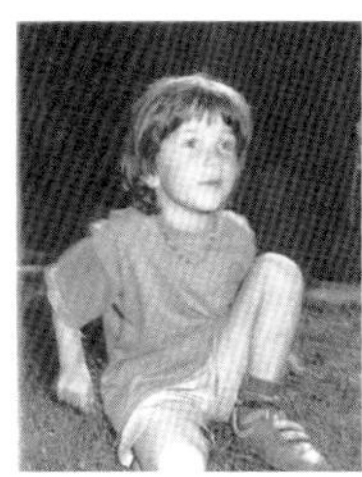

knieender Luca

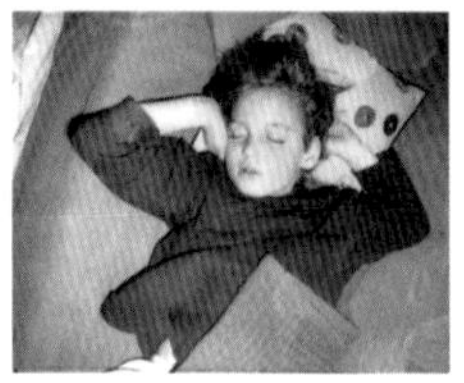

schlafender Nicola

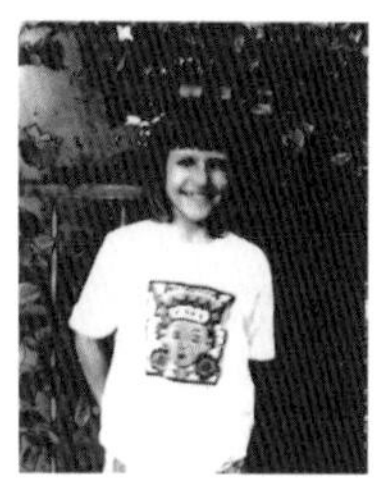

Jordis vor Efeu

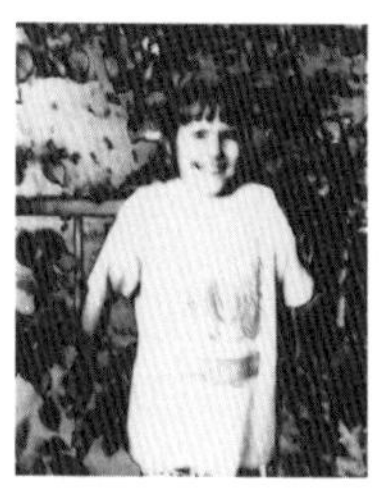

Seline vor Efeu

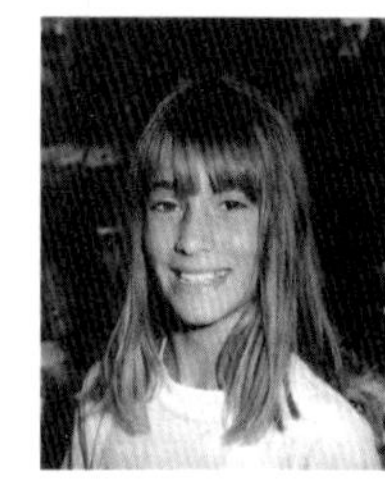

Nina

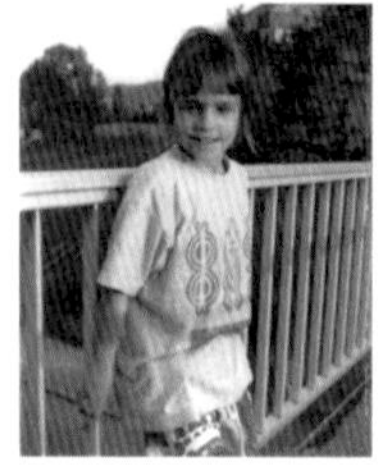

Seline vor Geländer
1

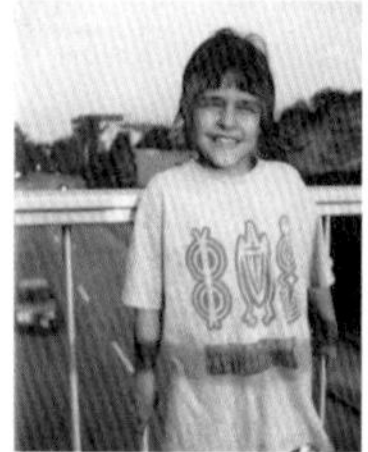

Seline vor Geländer
2

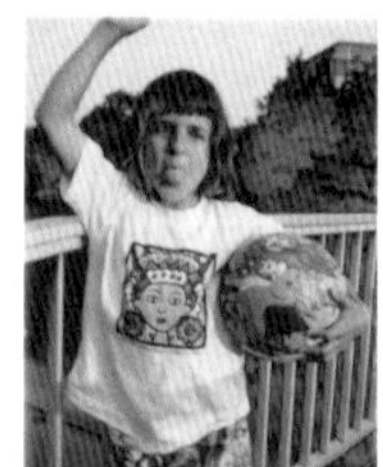

Jordis vor Geländer

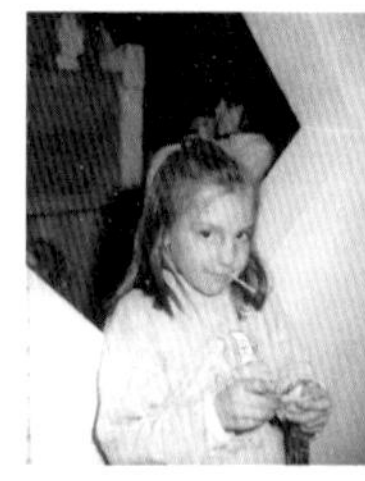

Livia mit Lolly

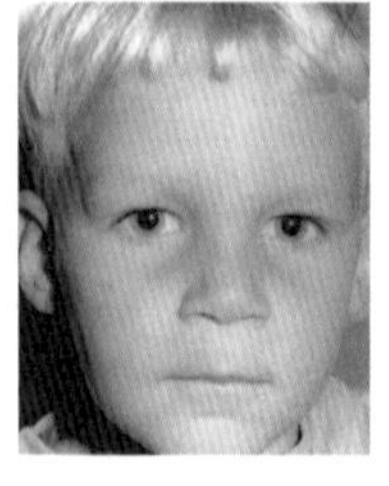

Gregor

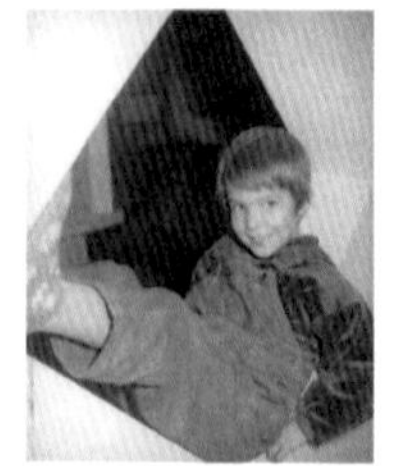

Iren

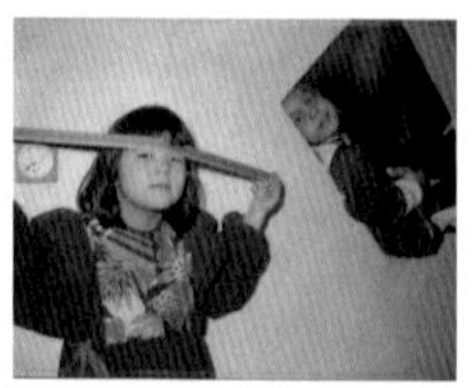

Erschena und Livia
1

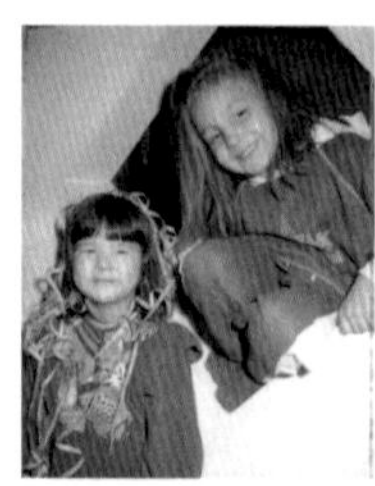

Erschena und Livia
2

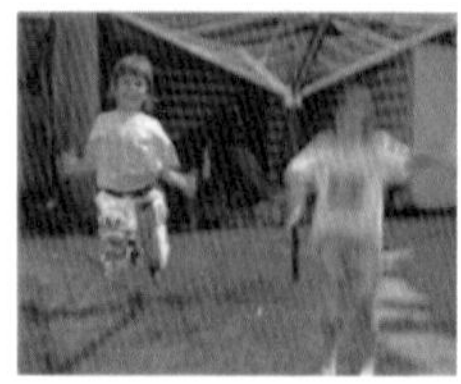

Mädchen
seilspringend 1

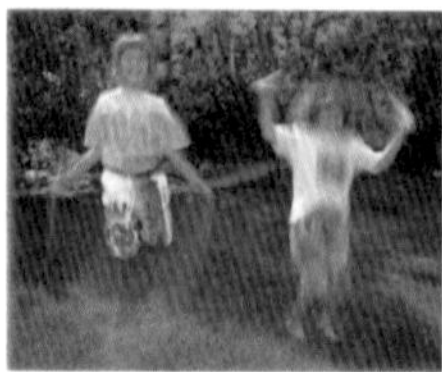

Mädchen
seilspringend 2

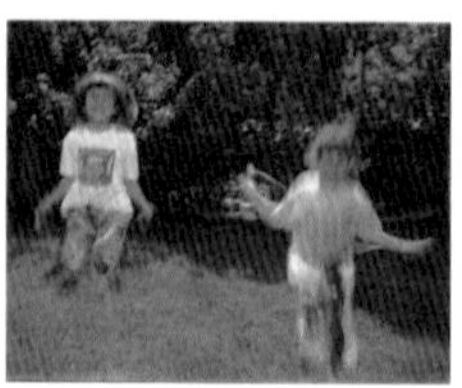

Mädchen
seilspringend 3

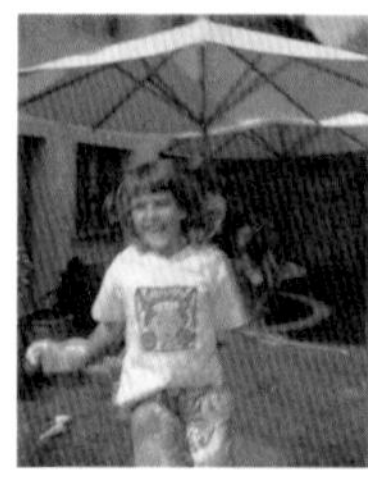

Mädchen
seilspringend 4

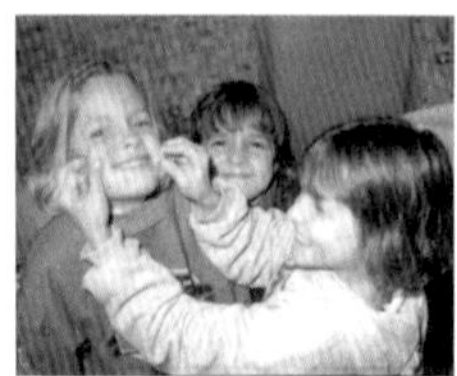

3 Mädchen Fratzen
machend

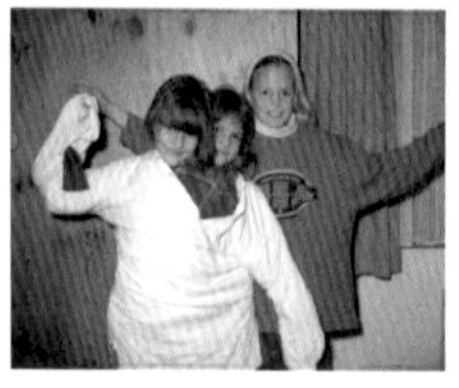

3 Mädchen
verkleidet

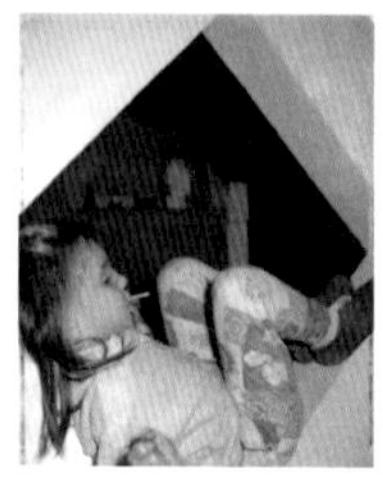

Livia

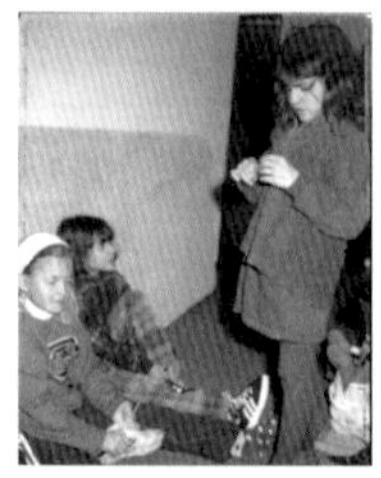

2 sitzende, 1 ste-
hendes Mädchen

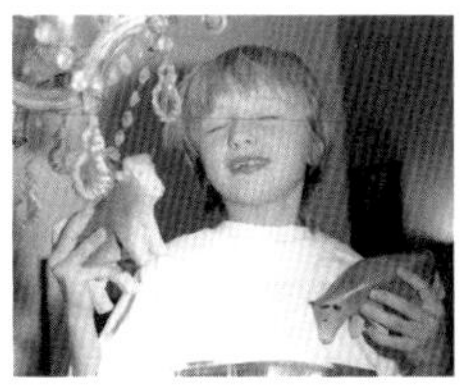

Jil unter
Kronleuchter 1

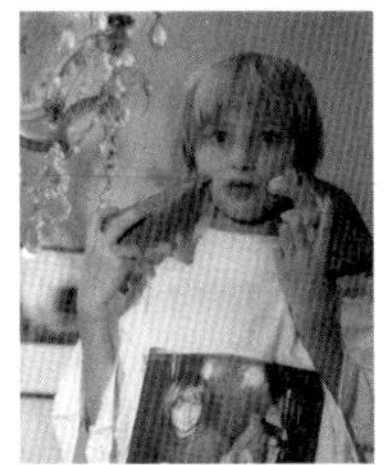

Jil unter
Kronleuchter 2

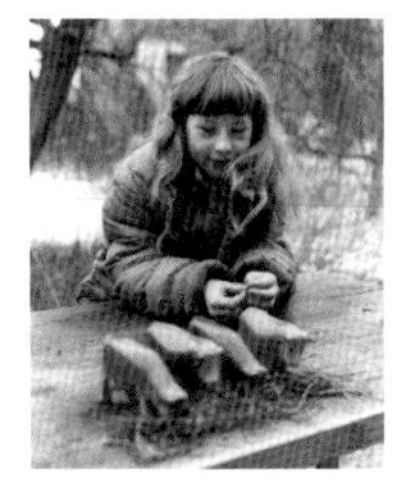

Hanna auf dem Hof
1

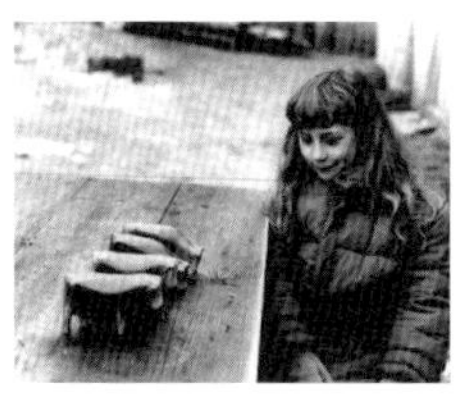

Hanna auf dem Hof
2

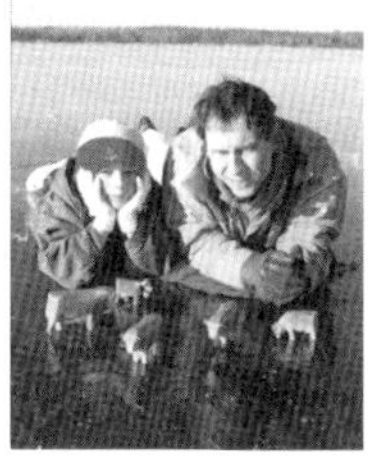

Tassilo und Peter
auf Wannsee 1

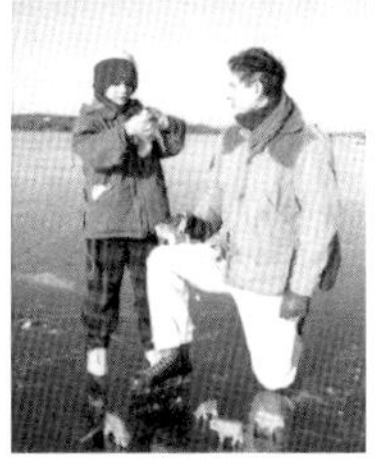

Tassilo und Peter
auf Wannsee 2

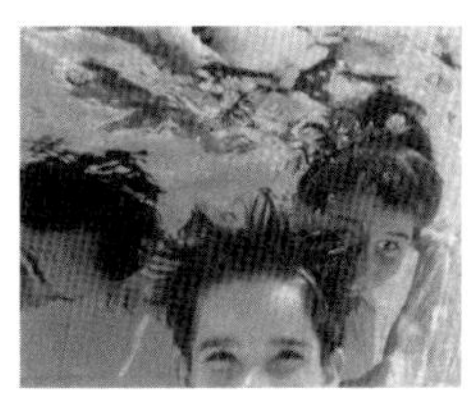

José Antonio mit
Kindern

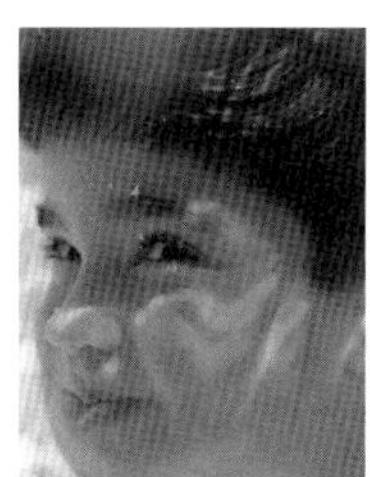

Leo unter Wasser

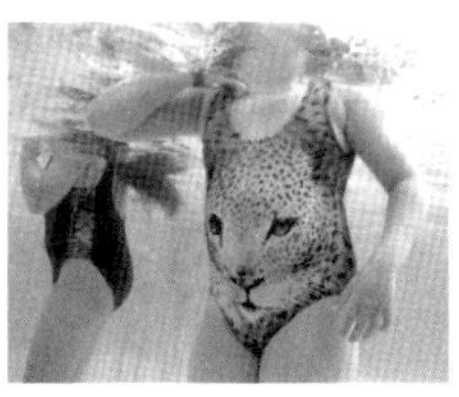

Katzenmädchen

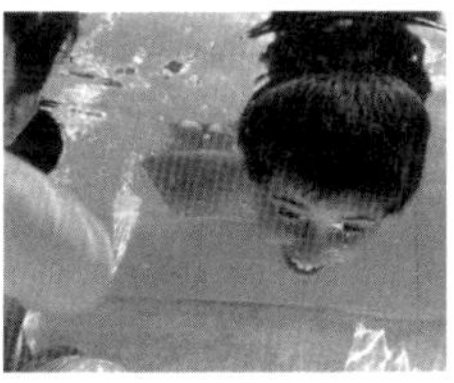

Victor und Leo
unter Wasser 1

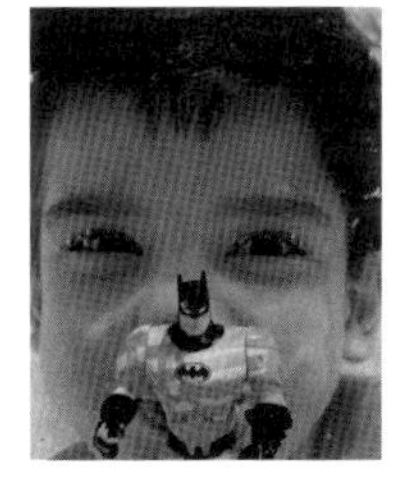

Badman

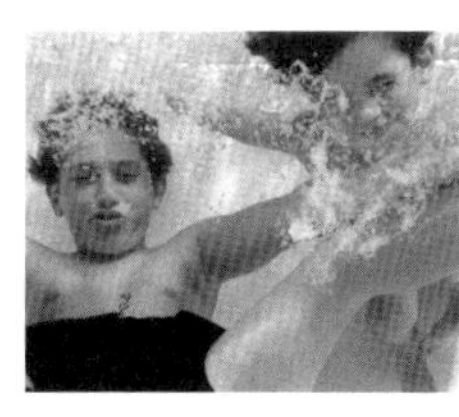

Victor und Leo
unter Wasser 2

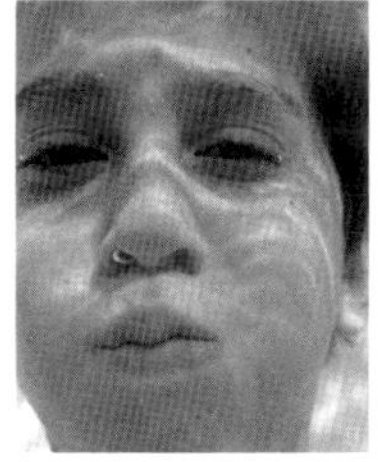

Victor unter
Wasser

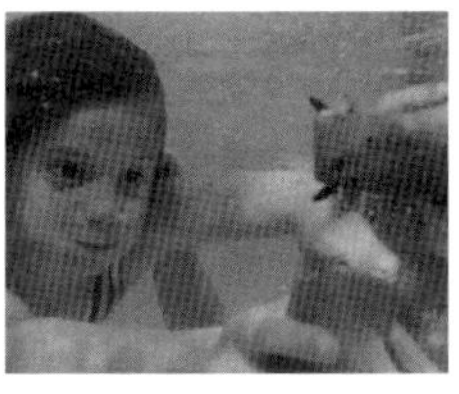

Mädchen unter
Wasser

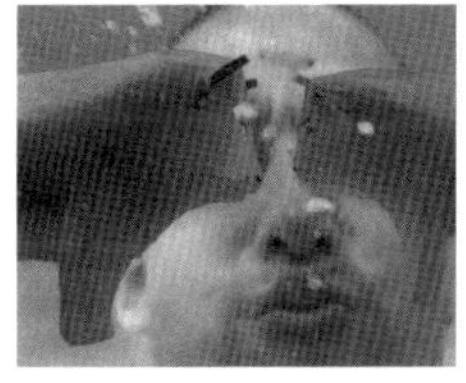

Mark unter Wasser

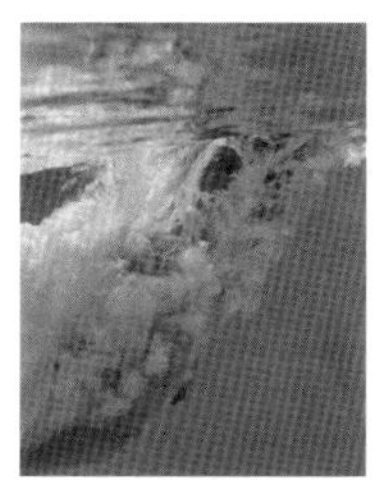

Sprung ins Wasser

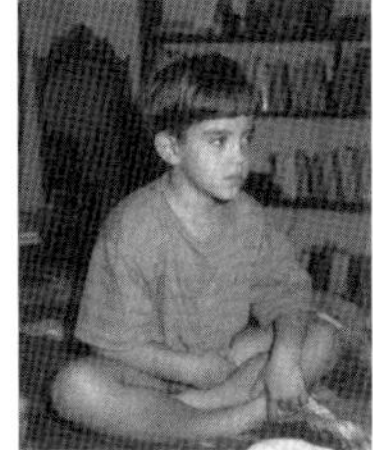

Leo im
Schneidersitz

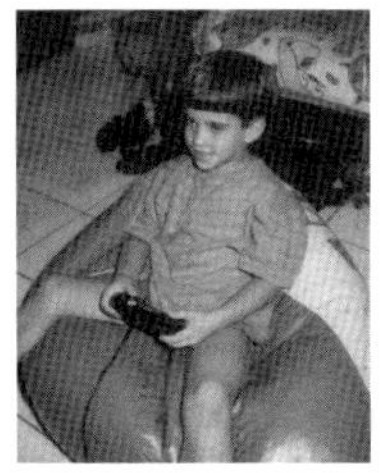

Leo Nintendo
spielend

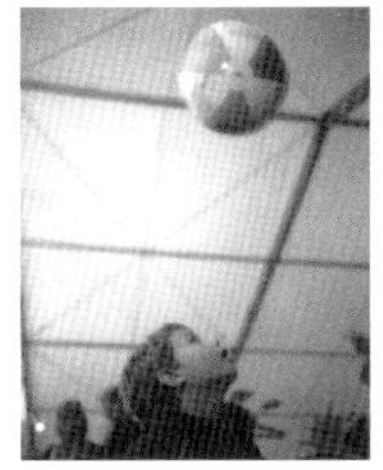

Tassilo Ball nach-
schauend

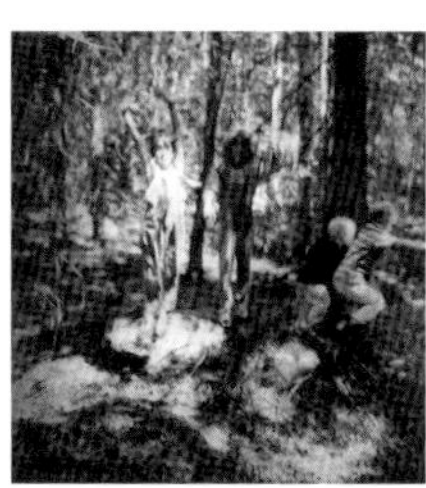

Waldsprung

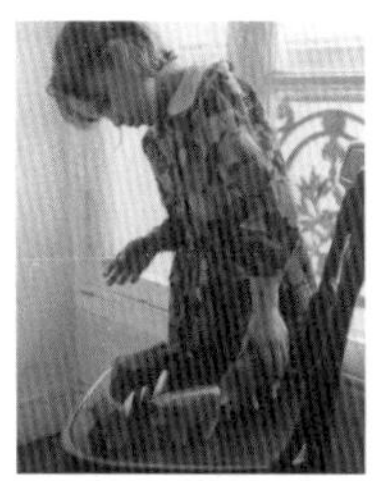

spielende Elise

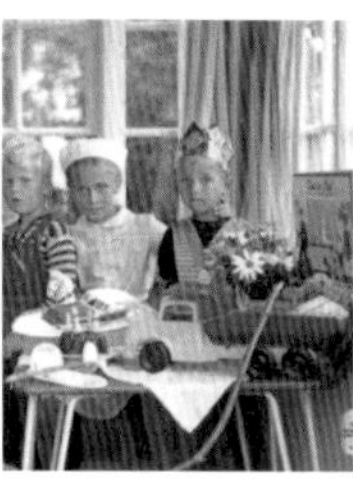

Barbara und
Sebastian

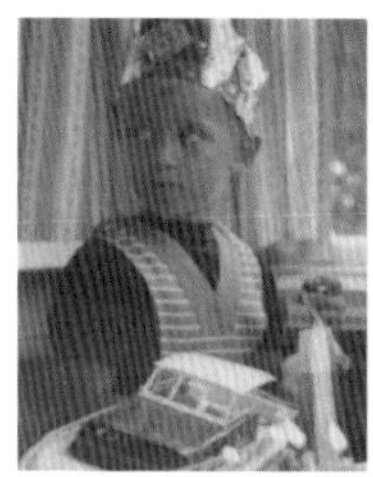

Sebastian mit
Spielzeug

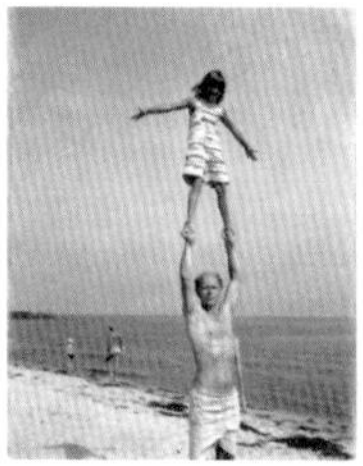

Jordis mit Jörg
beim Zirkusakt

Erwachsene/adults

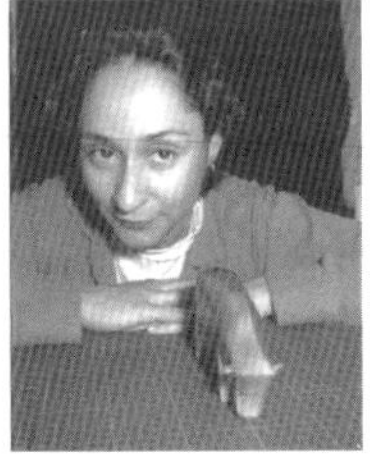

Daniela
pragmatisch 1

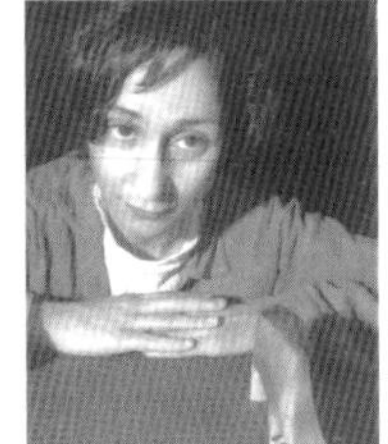

Daniela
pragmatisch 2

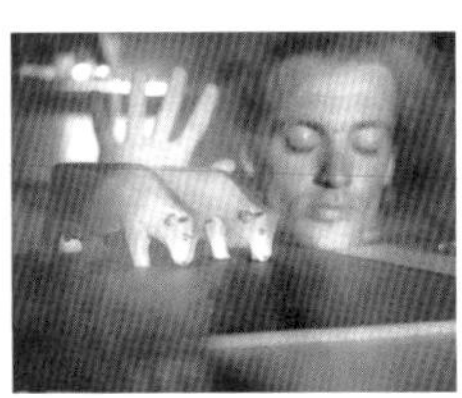

Sebastian zaubernd

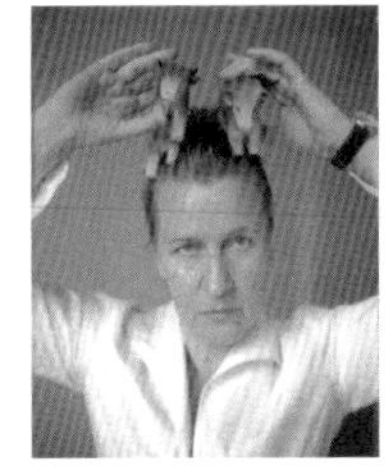

Maren mit Hörnern

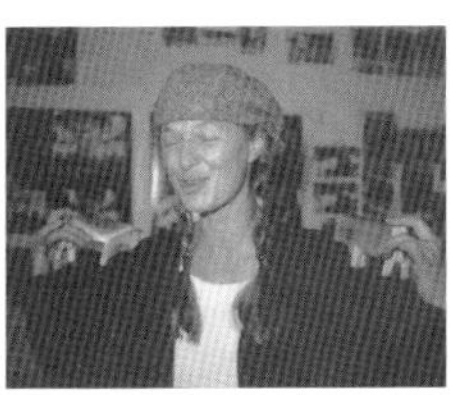

Freda

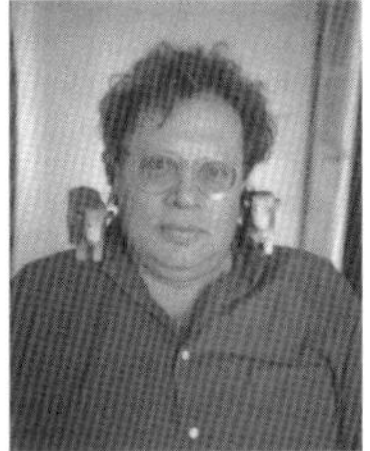

erstaunter Ernst
mit Brille

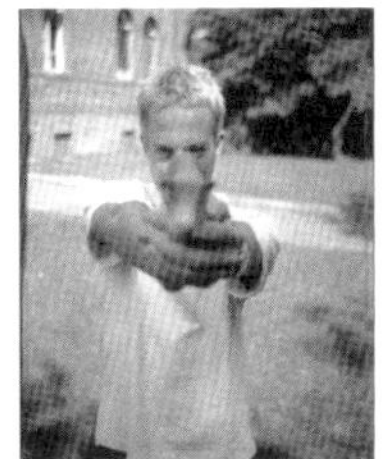

Justin vor
Bethanien

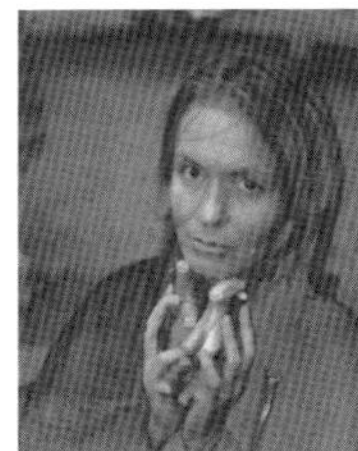

solarisierte Tina

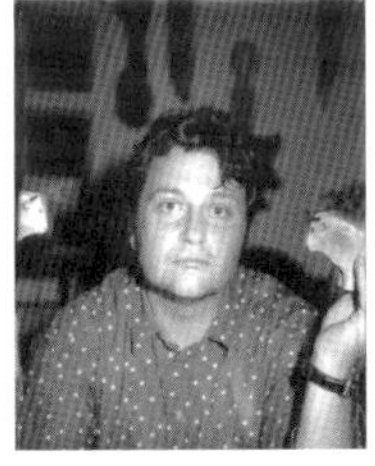

Chema

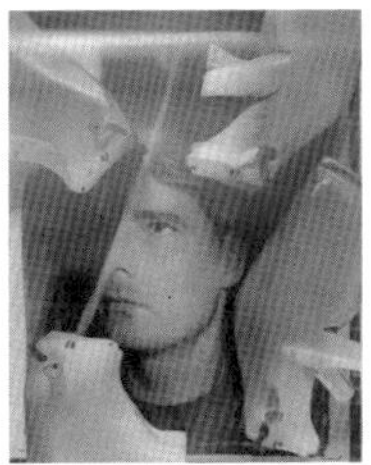

Volker
psychodelisch

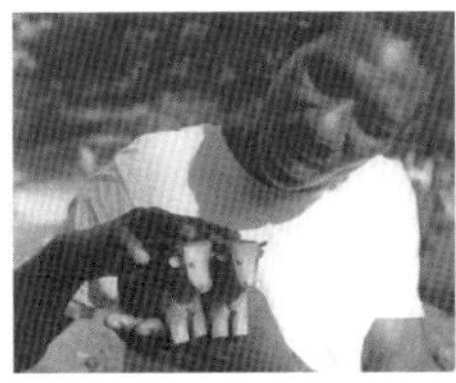

Russel im Central
Park 1

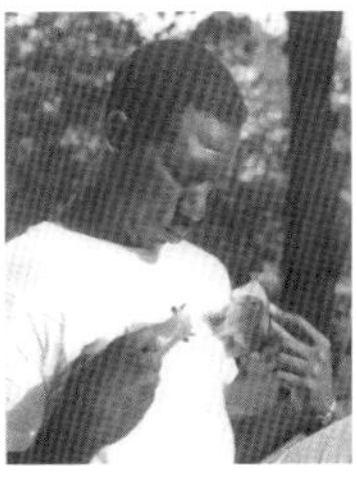

Russel im Central
Park 2

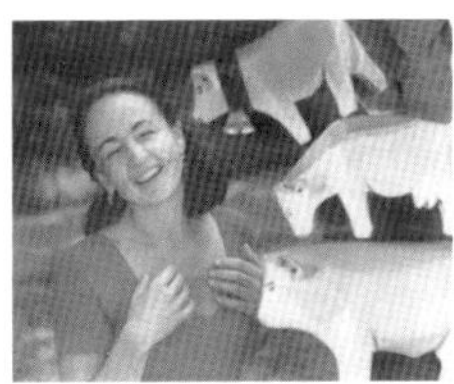

Marie-Catherine 1

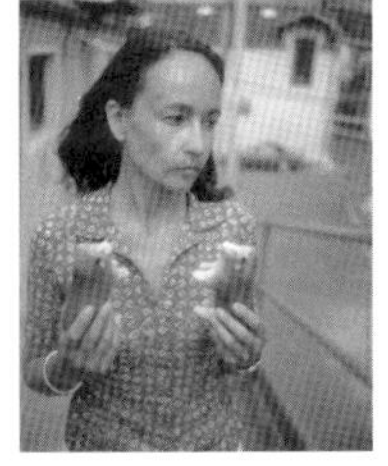

Marie-Catherine 2

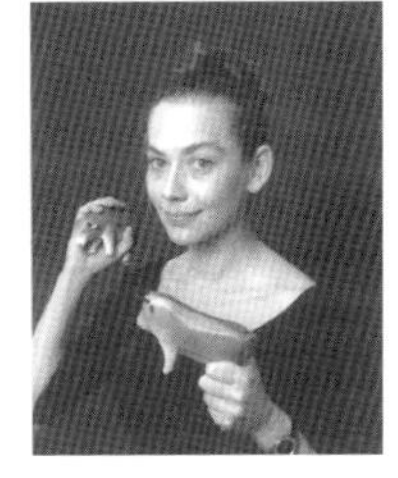

Gabriele 1

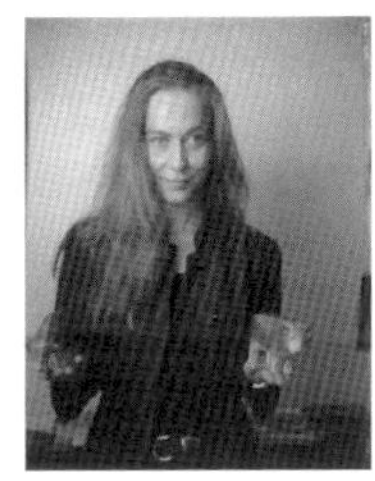

Gabriele 2

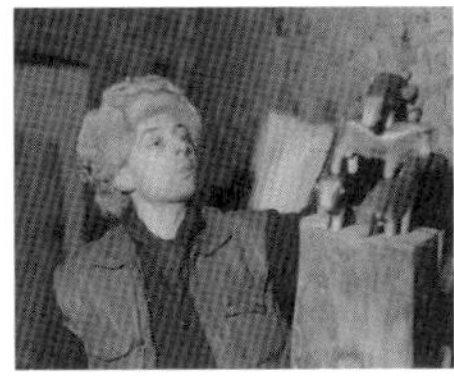

Zoyt 1

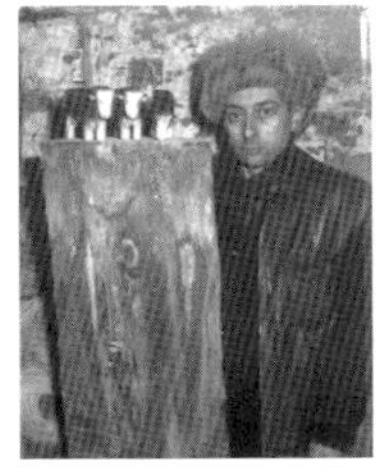

Zoyt 2

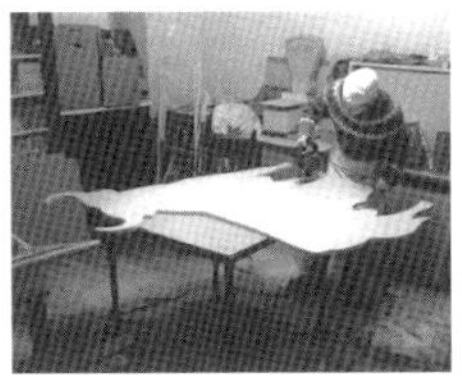

Koch Stier aus-
schneidend 1

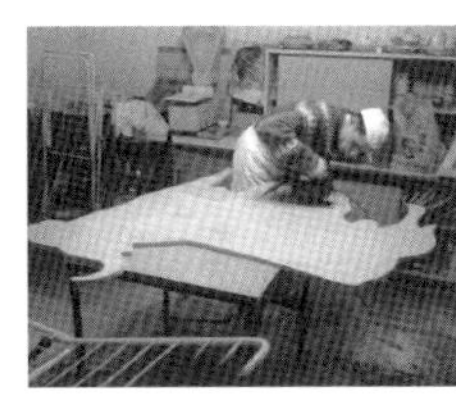

Koch Stier aus-
schneidend 2

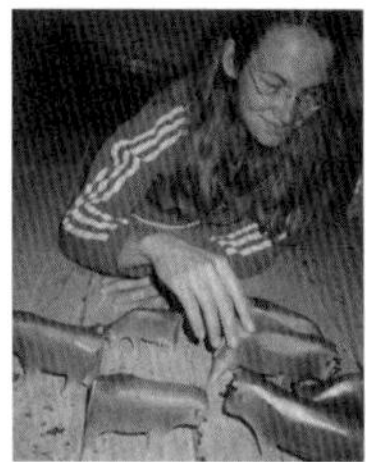

Maja auf Boden
spielend

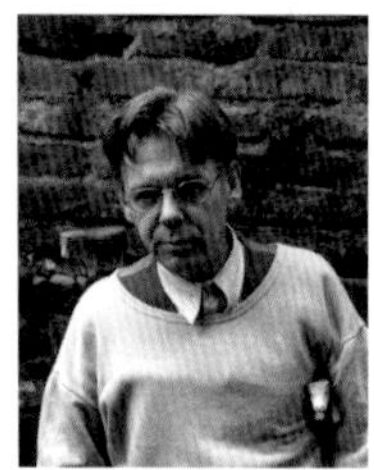

Josef vor
Backsteinwand 1

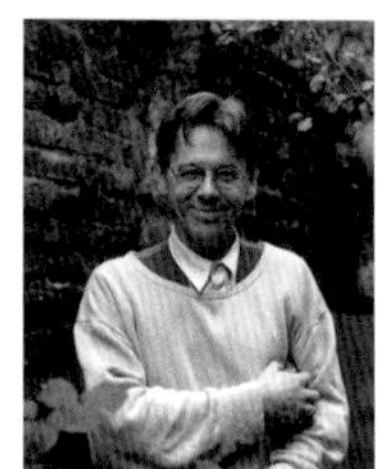

Josef vor
Backsteinwand 2

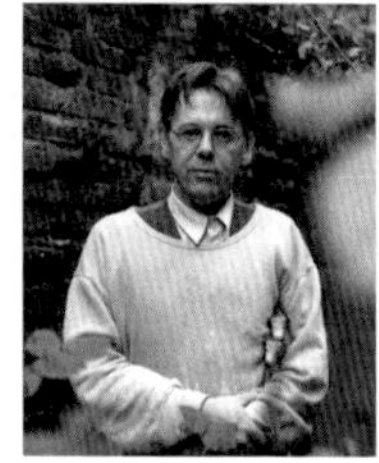

Josef vor
Backsteinwand 3

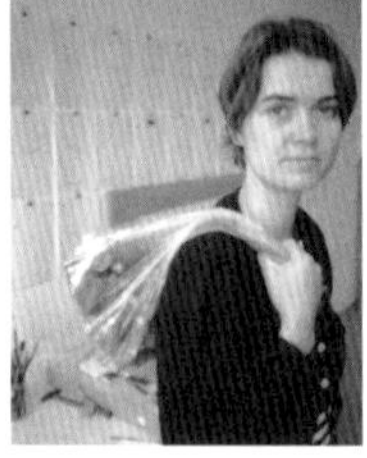

Katrin praktisch

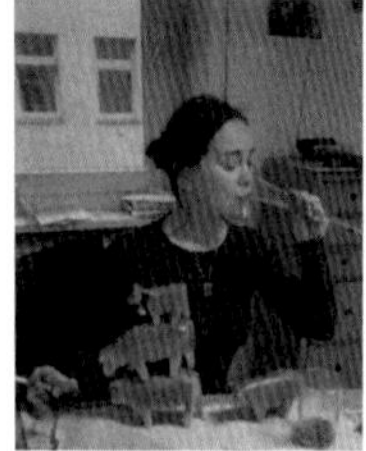

Mascha
sekttrinkend

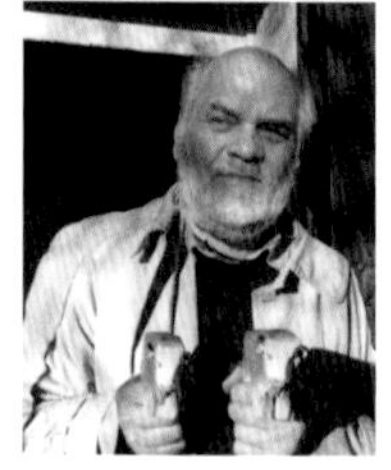

Onkel Andreas

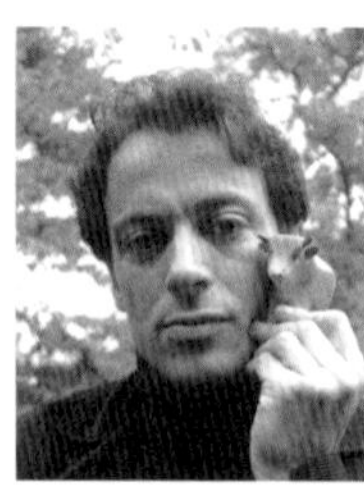

Sebastian Portrait

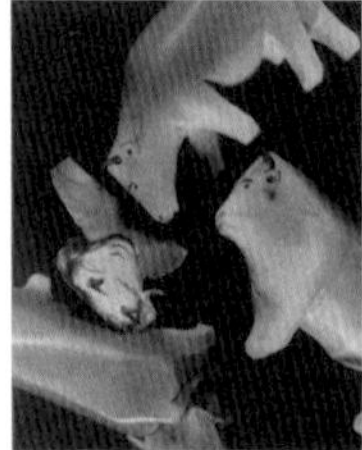

Collage 1

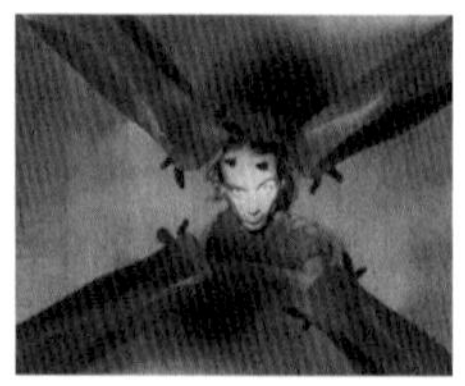

Collage 2

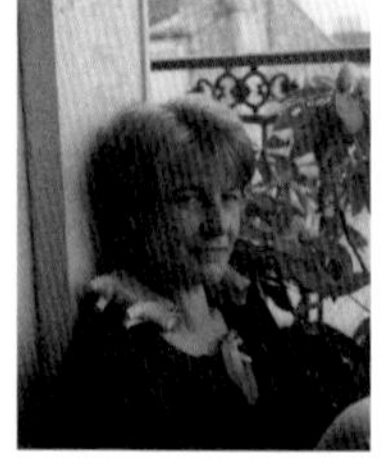

Hilka mit Kette

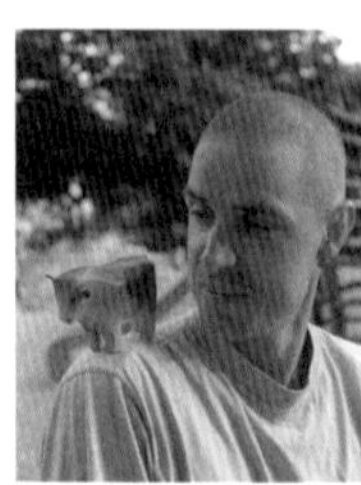

Giannori über
Schulter schauend

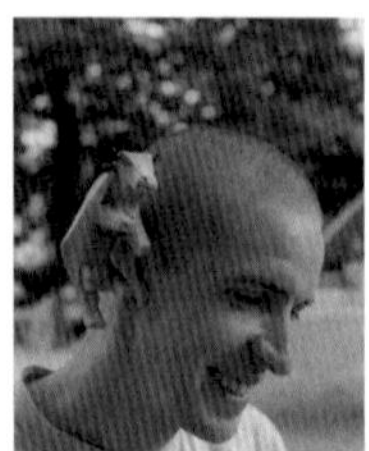

Giannori mit
Ohrschmuck

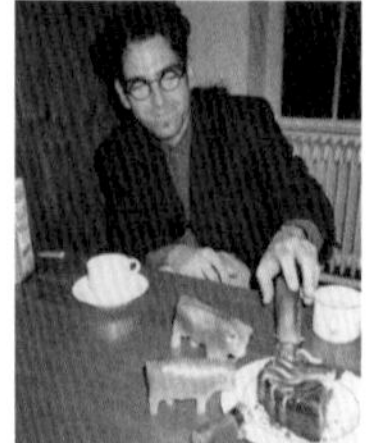

Jochen an
Kaffeetafel

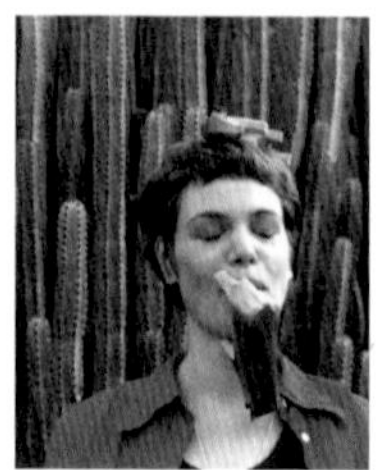

Katrin vor
Kakteenwald

Kühe und andere Tiere/cows and other animals

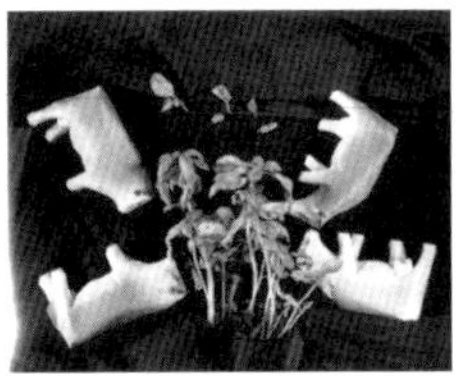

4 Kühe in
Basilikum 1

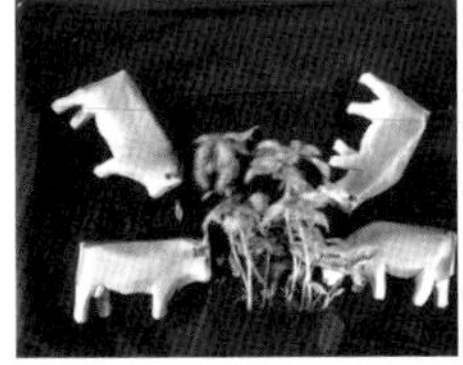

4 Kühe in
Basilikum 2

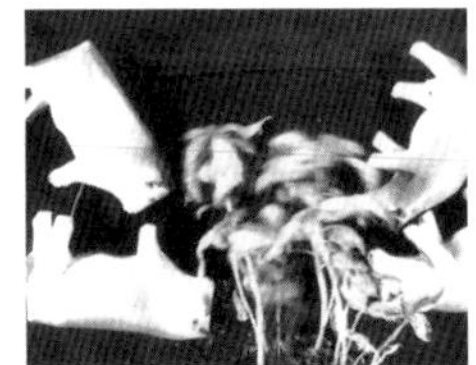

4 Kühe in
Basilikum 3

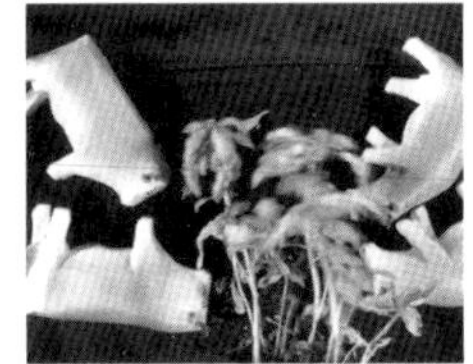

4 Kühe in
Basilikum 4

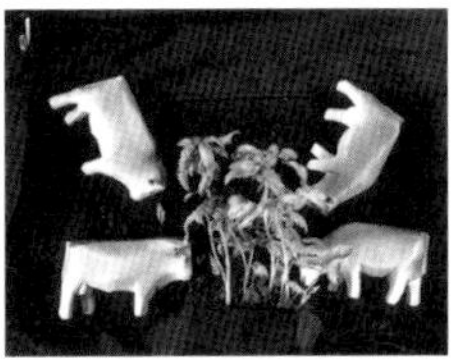

4 Kühe in
Basilikum 5

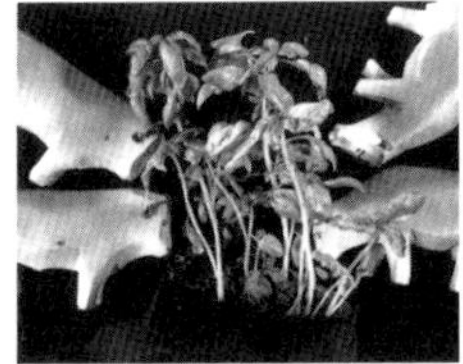

4 Kühe in
Basilikum 6

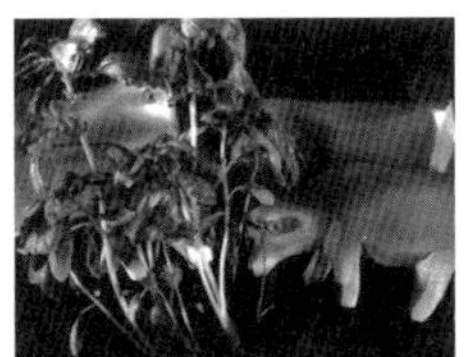

4 Kühe in
Basilikum 7

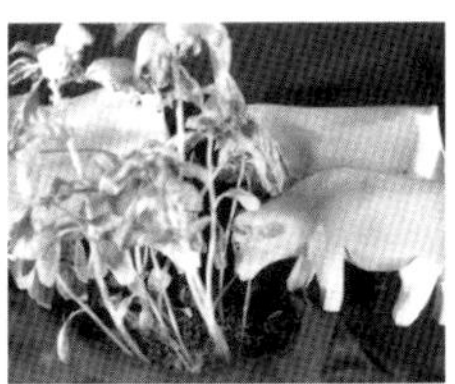

4 Kühe in
Basilikum 8

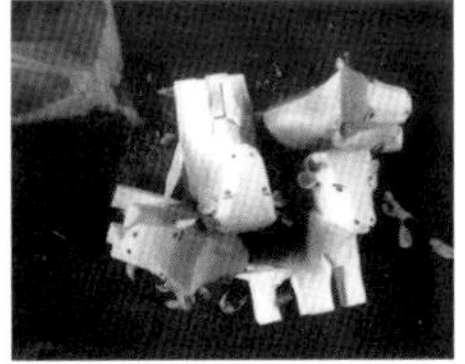

4 Kühe verknüpft,
mit Vogel 1

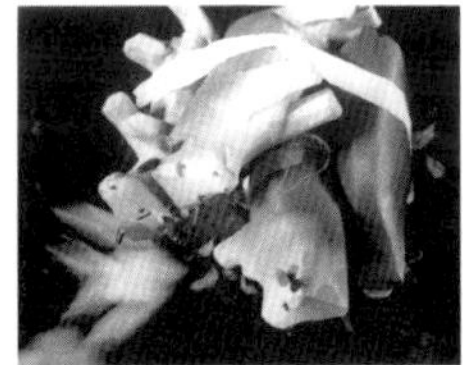

4 Kühe verknüpft,
mit Fisch 1

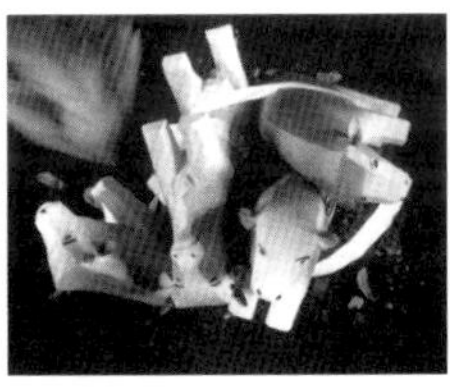

4 Kühe verknüpft,
mit Fisch 2

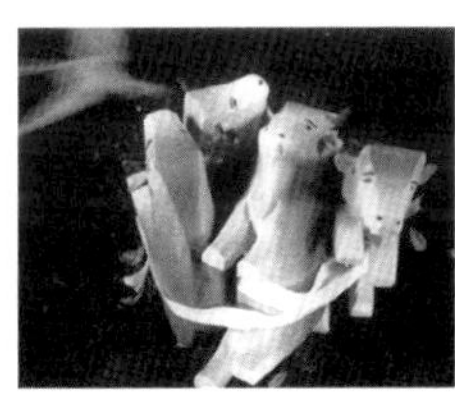

4 Kühe verknüpft,
mit Vogel 2

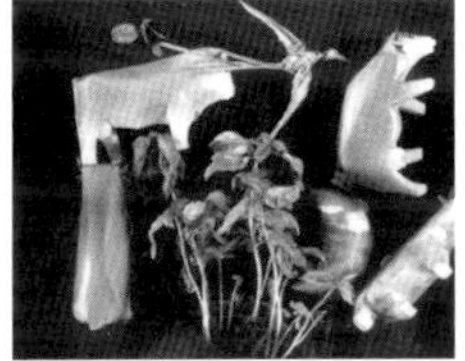

4 Kühe, Vogel, in
Basilikum 1

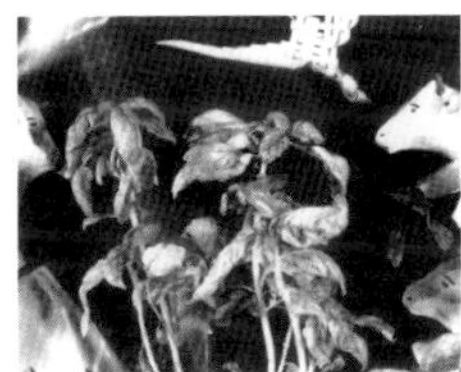

4 Kühe, Vogel, in
Basilikum 2

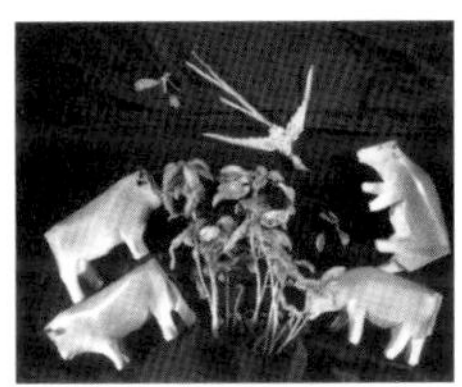

4 Kühe, Vogel, in
Basilikum 3

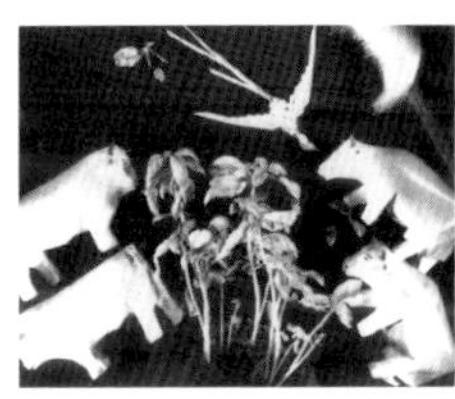

4 Kühe, Vogel, in
Basilikum 4

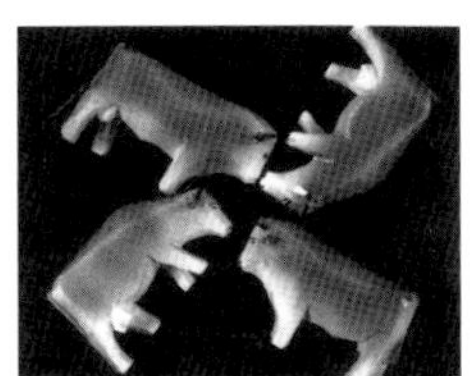

nur Kühe, auf der
Seite, dunkel

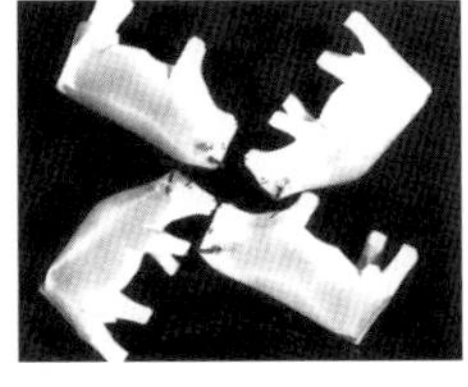

nur Kühe, auf der
Seite, hell

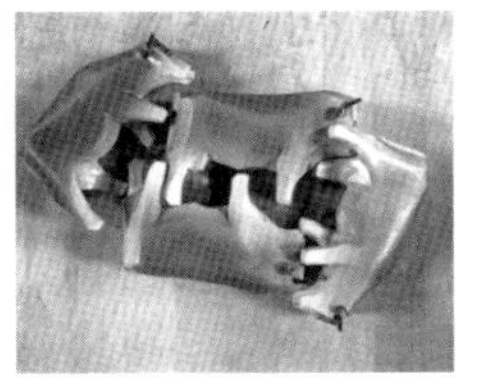

4 Kühe auf der
Seite, hell

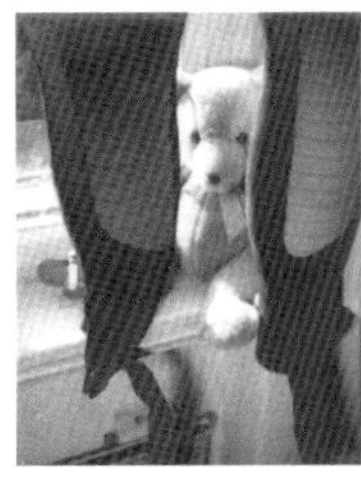

Surfanzug und
Bär 1

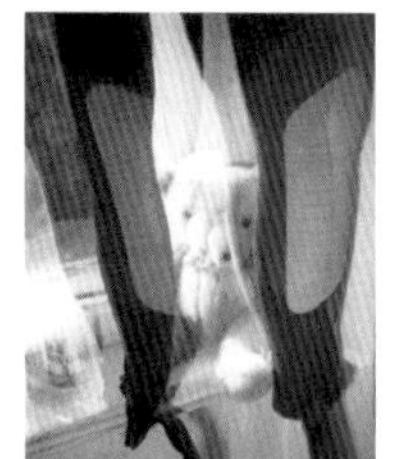

Surfanzug und
Bär 2

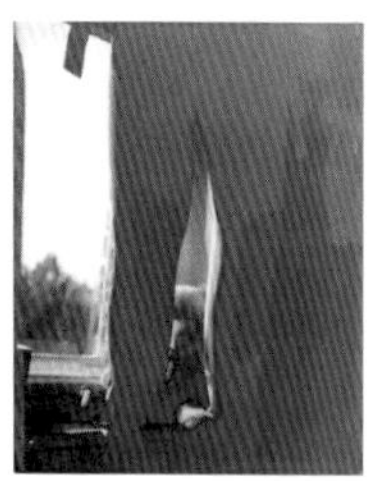

Surfanzug und
Bär 3

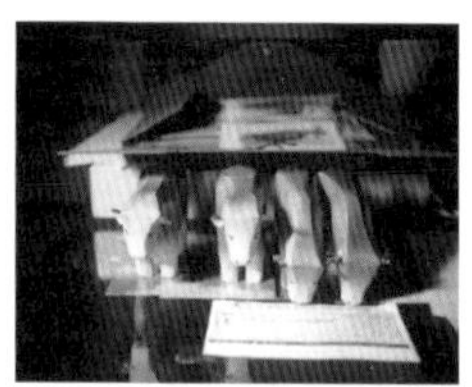

Kühe und Scheck

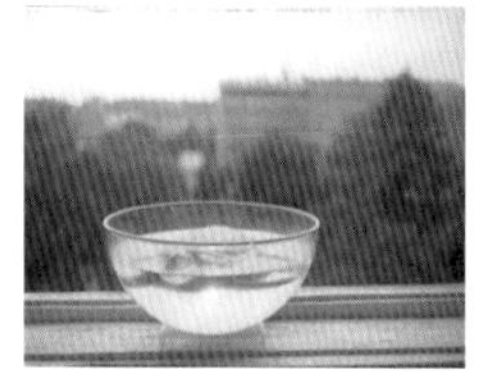

Schildkröte am
Fenster 1

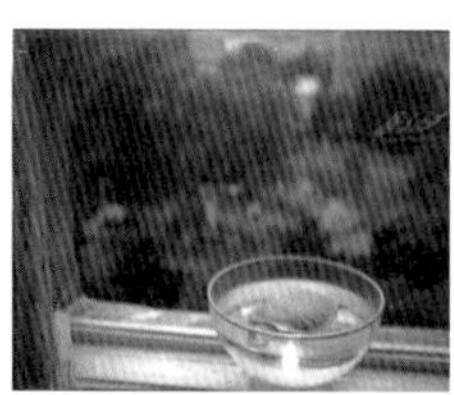

Schildkröte am
Fenster 2

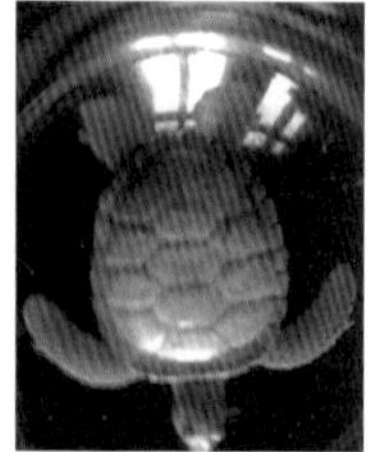

Schildkröte,
Aufsicht 1

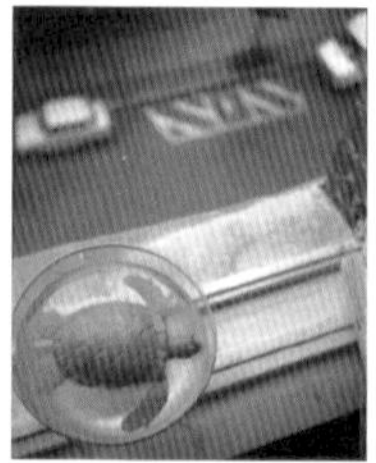

Schildkröte,
Aufsicht 2

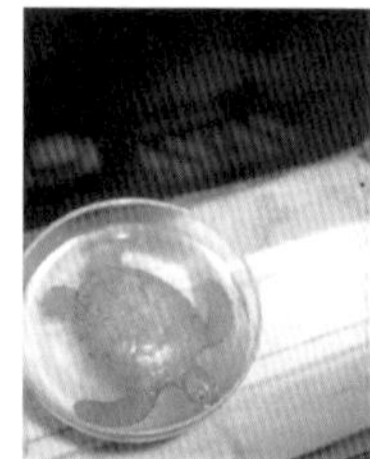

Schildkröte,
Aufsicht 3

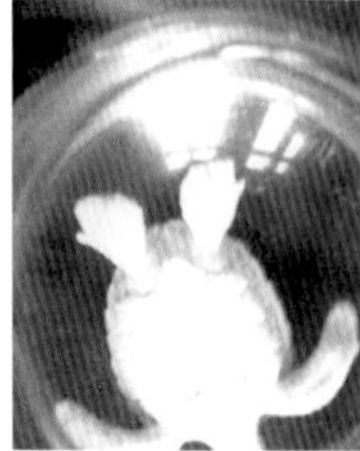

Schildkröte,
Aufsicht 4

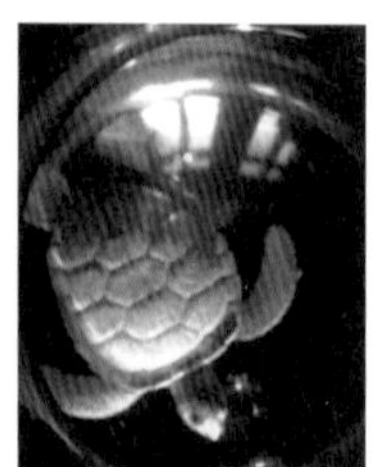

Schildkröte,
Aufsicht 5

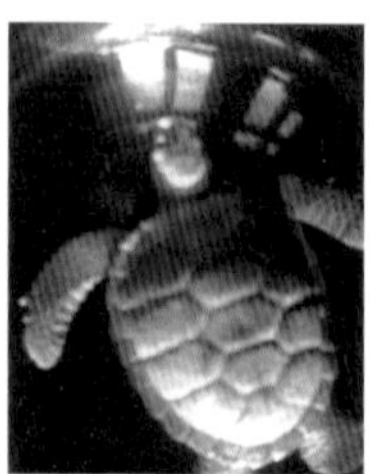

Schildkröte,
Aufsicht 6

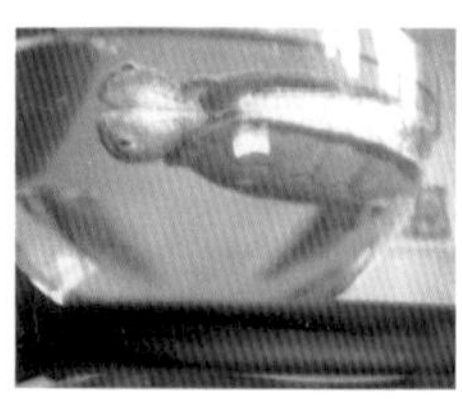

Schildkröte im Glas
1

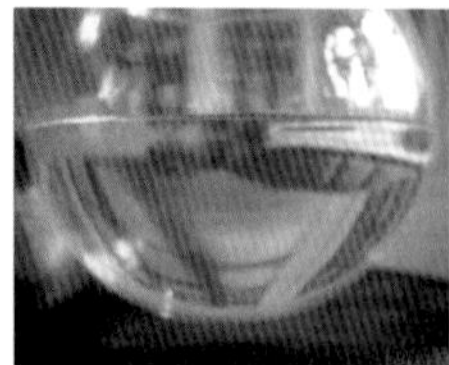

Schildkröte im Glas
2

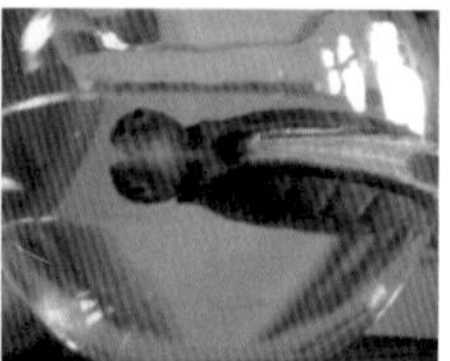

Schildkröte im Glas
3

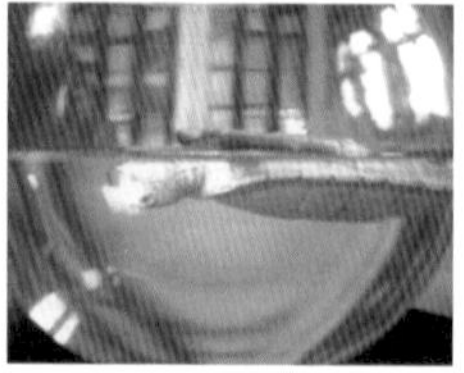

Schildkröte im Glas
4

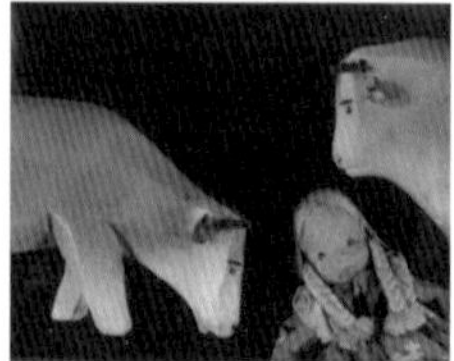

Puppe und Kühe im
Dunklen

Orte/places

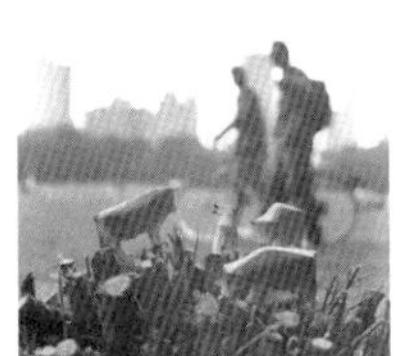

New York,
Central Park 1

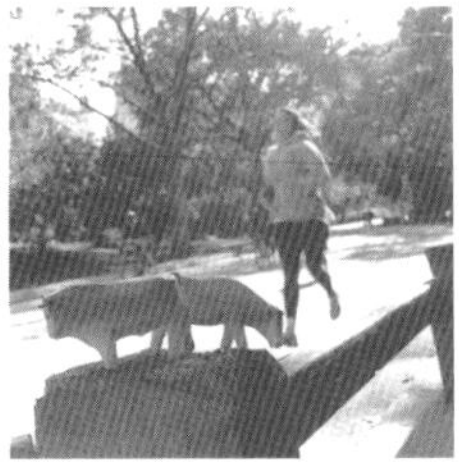

New York,
Central Park 2

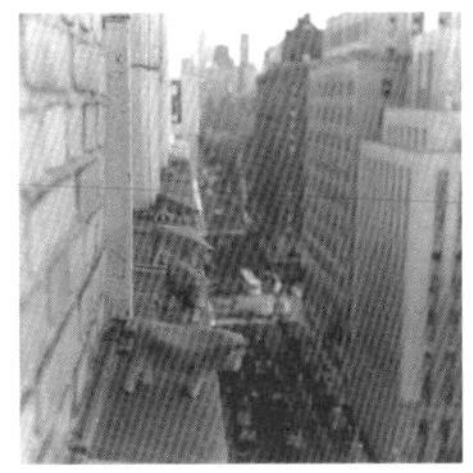

New York,
Hotel 1

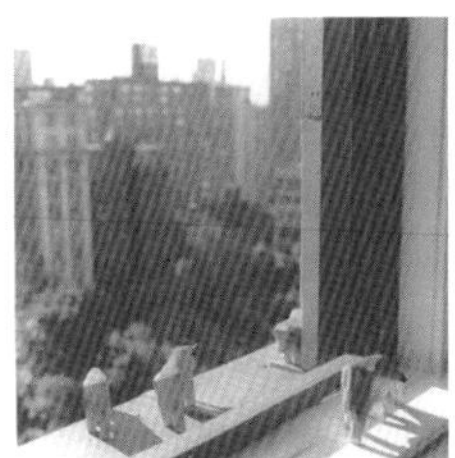

New York,
Hotel 2

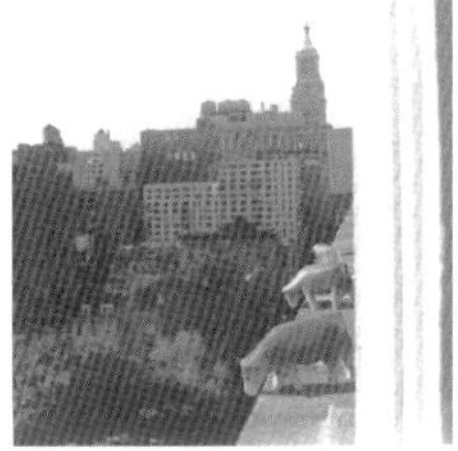

New York,
Hotel 3

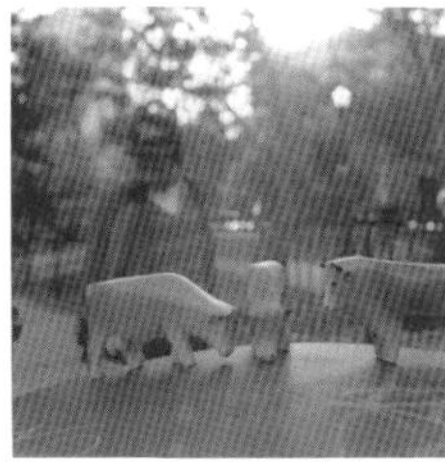

New York,
Gramercy Park 1

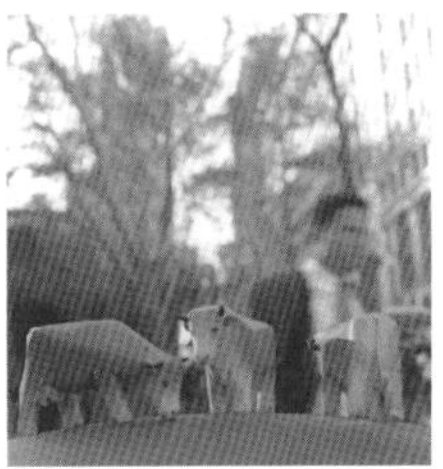

New York,
Gramercy Park 2

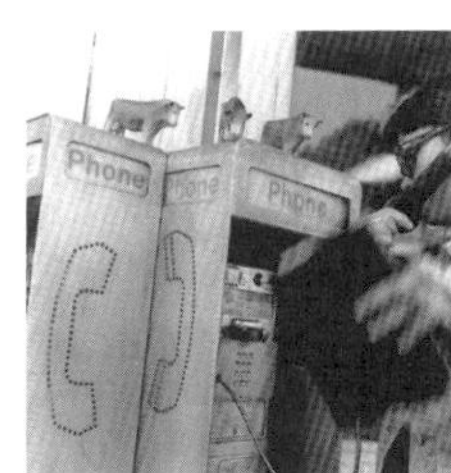

New York,
Telefonzelle

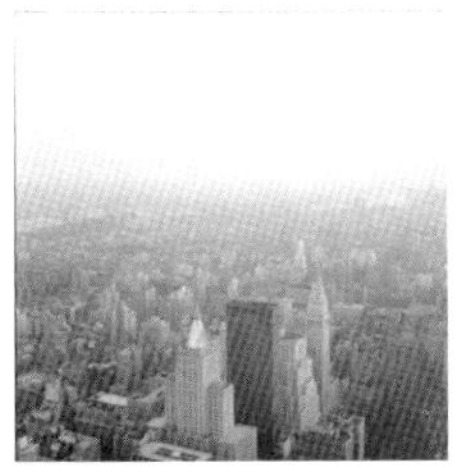

New York, Blick
Empire State 1

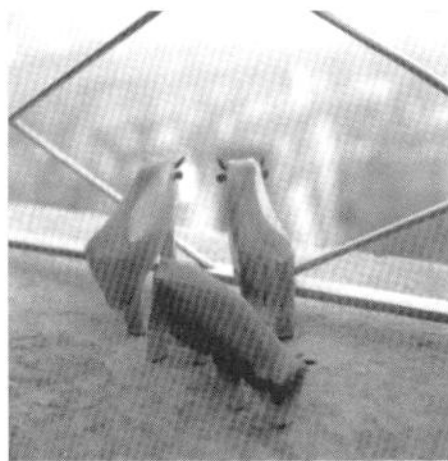

New York, Blick
Empire State 2

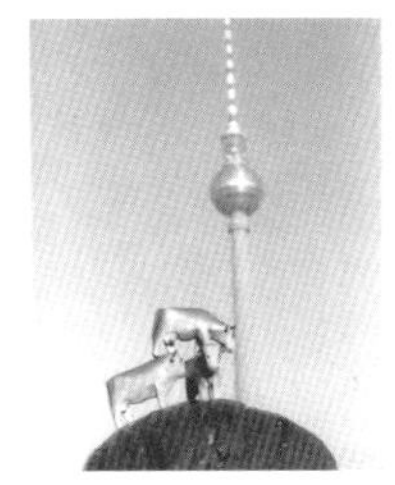

Alexanderplatz 1

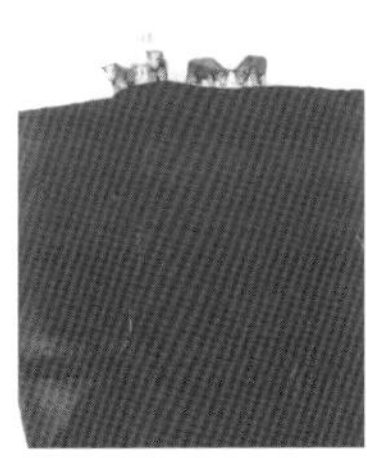

Alexanderplatz 2

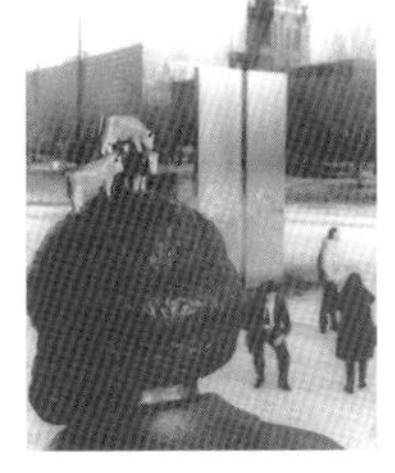

Alexanderplatz 3

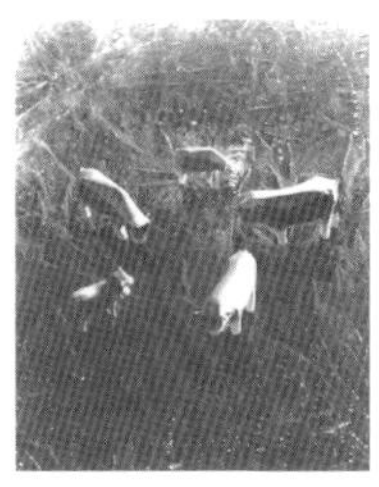

Eis von oben

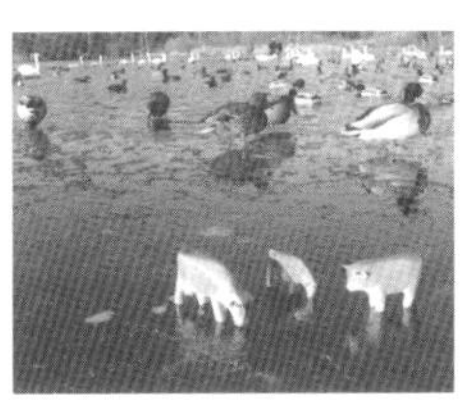

Eis-Panorama

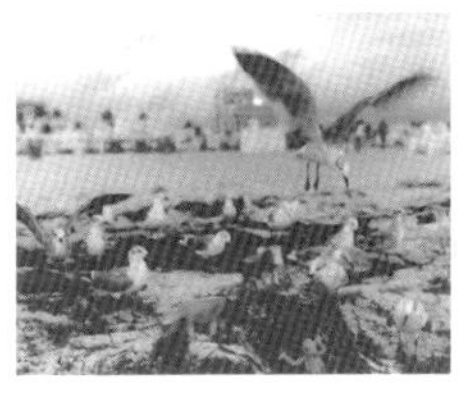

Miami Beach

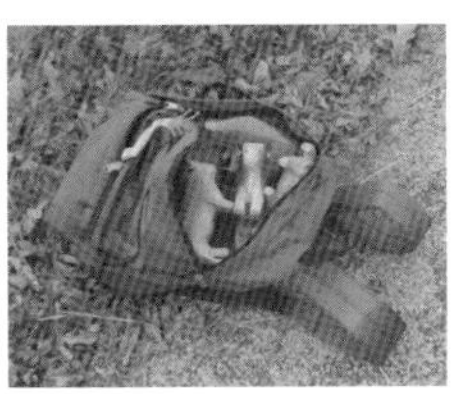

Waldboden 1

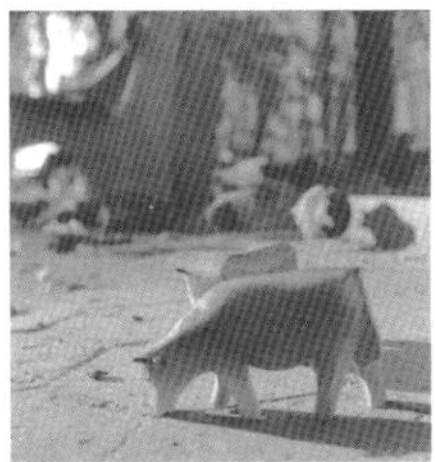

Waldboden 2

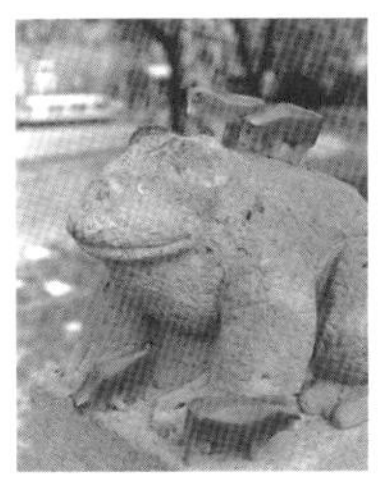

im Park beim
Froschkönig

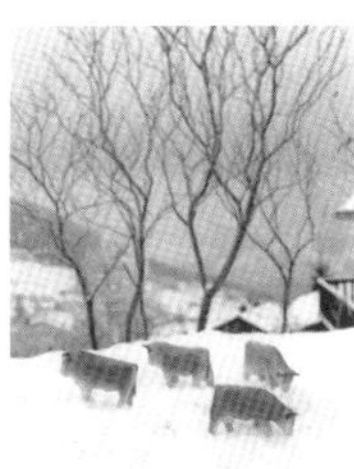

in der
Innerschweiz

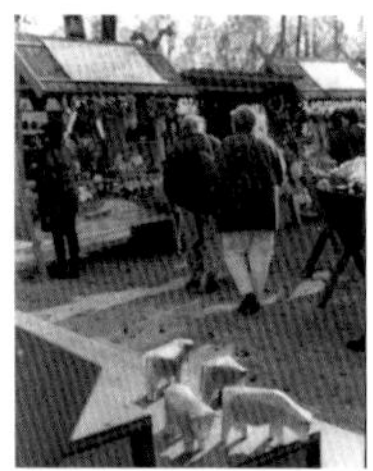

Spreewald 1

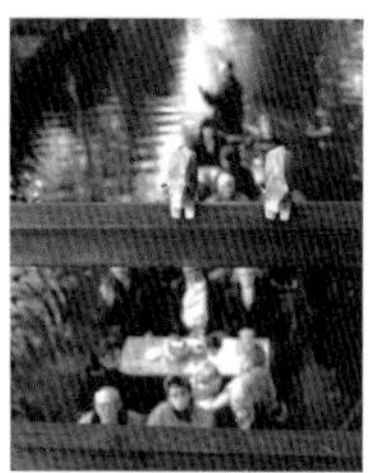

Spreewald 2

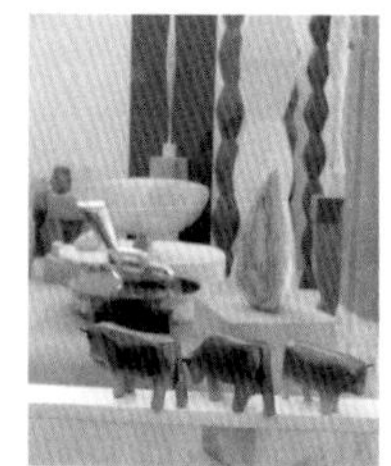

Paris,
Atelier Brancusi

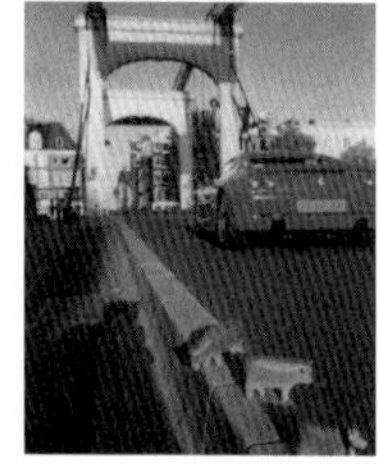

Amsterdam

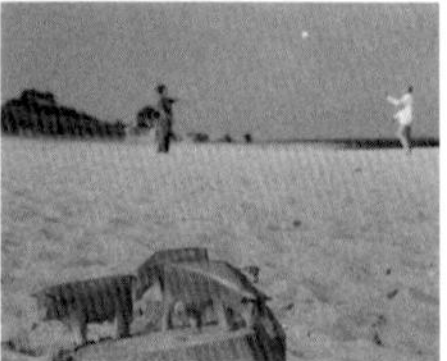

Ostseestrand

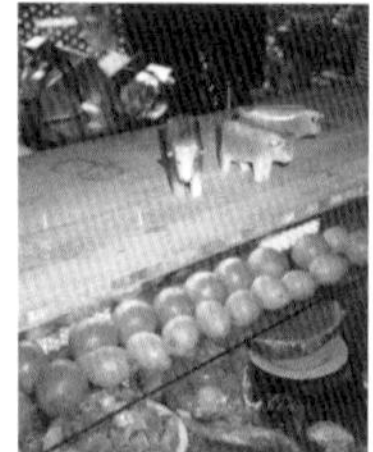

Antipastitheke

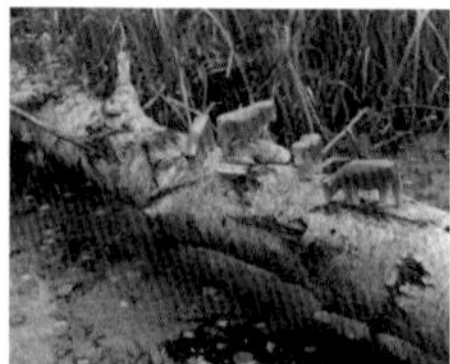

Baumstamm über
Waldbach

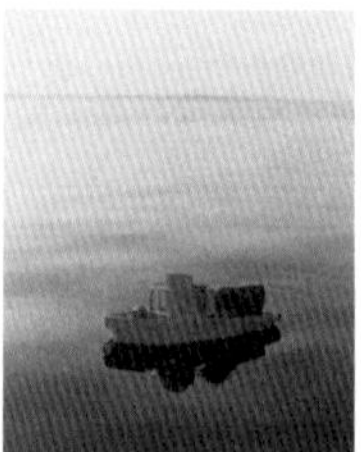

auf hoher See 1

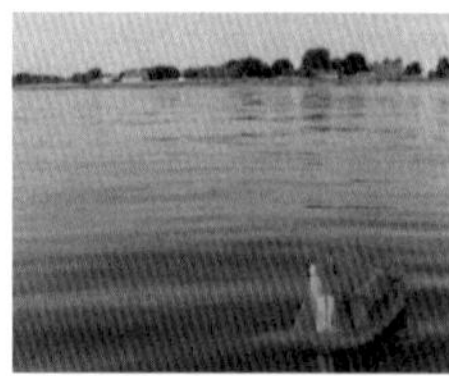

auf hoher See 2

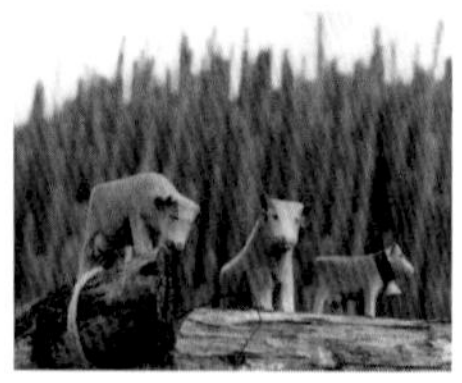

Gran Canaria 1

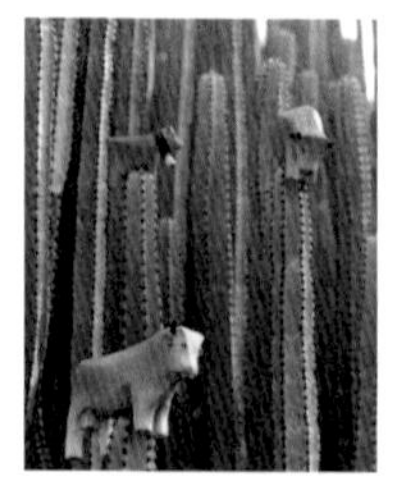

Gran Canaria 2

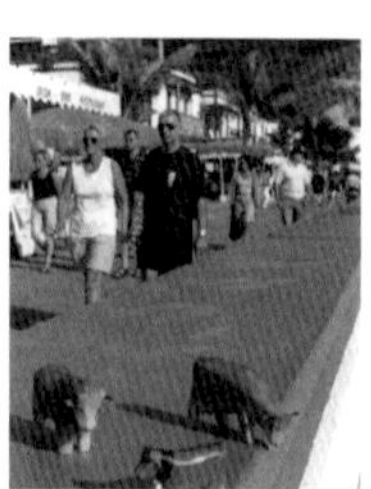

Gran Canaria 3

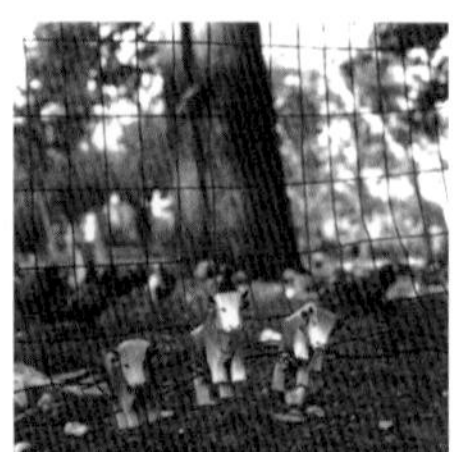

hinterm Zaun

Translation – image bank

CHILDREN

page 81   Seline and Jordis / 3 girls 1 / 3 girls 2 / 3 girls 3.
Erschena / Vincent wearing life jacket 1 / Vincent wearing life jacket 2 / Jonathan on his tractor.
Vincent wearing life jacket 3 / Jordis holding her mouse / Seline holding her mouse / Seline posing.
Jordis posing / child holding an arm / Anna in an air stream / Jordis in an air stream.
Seline in an air stream / Gina in an air stream / Luca and reflections / Luca kneeling.

page 82   Nicola sleeping / Jordis in front of ivy / Seline in front of ivy / Nina.
Seline in front of railing 1 / Seline in front of railing 2 / Jordis in front of railing / Livia with lolly pop.
Gregor / Iren / Erschena and Livia 1 / Erschena and Livia 2 .
girls jumping rope 1 / girls jumping rope 2 / girls jumping rope 3 / girls jumping rope 4.
3 girls making faces / 3 girls dressed up / Livia / 2 girls sitting, 1 girl standing.

page 83   Jil under candelier 1 / Jil under candelier 2 / Hanna in the yard 1 / Hanna in
the yard 2.
Tassilo and Peter on the Wannsee 1 / Tassilo and Peter on the Wannsee 2 / José
Antonio with his kids / Leo under water.
cat-girls / Victor and Leo under water 1 / Badman / Victor and Leo under water 2.
Victor under water / girl under water / Mark under water / jumping into the water.
Leo sitting cross-legged / Leo playing Nintendo / Tassilo watching a ball / forest
leap.

page 84   Elise playing / Barbara and Sebastian / Sebastian and toys / Jordis and Jörg doing
a circus act.

ADULTS

page 85   Daniela - pragmatic - 1 / Daniela - pragmatic - 2 / Sebastian practising magic / Maren
with horns.
Freda / Ernst - astonished - wearing glasses / Justin in front of Bethanien / Tina - solarized - .
Chema / Volker - psychodelic - / Russell in Central Park 1 / Russell in Central
Park 2.
Marie-Catherine 1 / Marie-Catherine 2 / Gabriele 1 / Gabriele 2.
Zoyt 1 / Zoyt 2 / a cook cutting out a bull 1 / a cook cutting out a bull 2.

page 86   Maja playing on the floor / Josef in front of brick wall 1 / Josef in front of brick wall 2 /
Josef in front of brick wall 3 .
Katrin - practical - / Masha drinking champagne / uncle Andreas / Sebastian-portrait-.
collage 1 / collage 2 / Hilka with necklace / Giannori looking over his shoulder.
Giannori with an ear decoration / Jochen having coffee / Katrin in front of cactus forest.

COWS AND OTHER ANIMALS

page 87   4 cows in basilicum 1 / 4 cows in basilicum 2 / 4 cows in basilicum 3 / 4 cows in basilicum 4.
4 cows in basilicum 5 / 4 cows in basilicum 6 / 4 cows in basilicum 7 / 4 cows in basilicum 8 .
4 cows and bird 1 / 4 cows and fish 1 / 4 cows and fish 2 / 4 cows and bird 2.
4 cows and bird in basilicum 1 / 4 cows and bird in basilicum 2 / 4 cows and bird in basilicum 3 /
4 cows and bird in basilicum 4.
only cows, on their side, dark / only cows, on their side, light / 4 cows on their side, light /
wet suit and teddy bear 1.

page 88   wet suit and teddy bear 2 / wet suit and teddy bear 3 / cows and cheque / turtle at
the window 1.
turtle at the window 2 / turtle , top view 1 / turtle , top view 2 / turtle, top view 3 .
turtle, top view 4 / turtle , top view 5 / turtle , top view 6 / turtle in fish bowl 1.
turtle in fish bowl 2 / turtle in fish bowl 3 / turtle in fish bowl 4 / doll and cows
in the dark.

PLACES

page 89   New York, Central Park 1 / New York, Central Park 2 / New York, Hotel 1 /
New York, Hotel 2.
New York, Hotel 3 / New York, Gramercy Park 1 / New York, Gramercy Park 2 /
New York, public phone.
New York, view from Empire State 1 / New York, view from Empire State 2 / Berlin,
Alexanderplatz 1 / Berlin, Alexanderplatz 2 .
Berlin, Alexanderplatz 3 / ice from above / ice panorama / Miami Beach.
on the forest floor 1 / on the forest floor 2 / in the park with the frog prince /
in Central Switzerland.

page 90   Spreewald 1 / Spreewald 2 / Paris, studio of Brancusi / Amsterdam.
Baltic Sea , beach / Antipasti-counter / tree stump over forest creek /
on the high seas 1.
on the high seas 2 / Gran Canaria 1 / Gran Canaria 2 /
Gran Canaria 3 / behind the fence.

Dank an / thanks to:

Erschena, Luca, Nicola, Vincent, Jonathan, Manuela, Livia, Iren, Nina, Jil, Maren, Daniela, Justin, Chema, Elise, Corinna, Hilka, Barbara, Jörg, Russell, Ina, Josef, Gabriele, Freda, Tassilo, Peter, Volker, Tina, Zoyt, Ernst, Gina, Anna, Mascha, Jochen, Maja, Hanna, Gregor, Andreas und / and Benjamin.

Ganz besonderen Dank an :
Very special thanks to:

Seline und Jordis Fülscher; Victor, Leo und José Antonio Evora; Mark Giannori; Jost Hansen; Matthias Harder; Katrin Korfmann; Marie-Catherine Lienert; Katrin von Maltzahn; Gabriele Pfaff.

Sebastian Kusenberg

1958	in Hamburg geboren / born in 1958 in Hamburg
1963 - 1968	International School Hamburg
Seit 1978 / **since 1978**	freier Fotograf für Zeitschriften und Buchverlage / freelance photographer for magazine and book publishers
1981	Werkvertrag mit der Kulturbehörde Hamburg (Künstlerförderung) / service contract with the Hamburg art administration body (promotion of artists)
1982-1988	Studium Kommunikationsdesign, Fachhochschule für Gestaltung Hamburg (Diplom) / study of Communication Design, Hamburg College of Design (Diploma degree)
Seit 1987 / **since 1987**	Langzeitporträts / long-time-exposure portraits
1988-1992	Studium Freie Kunst bei Shinkichi Tajiri und Rebecca Horn, Hochschule der Künste, Berlin (Meisterschüler) / study of Free Art under Shinkichi Tajiri and Rebecca Horn, College of Arts, Berlin (master pupil)
Seit 1991 / **since 1991**	Fotoinstallationen, Fotoräume, Fotosequenzen mit der 16 mm Filmkamera / photographic installations, photographic spaces, photographic sequences with a 16 mm film camera
Seit 1992 / **since 1992**	Panoramabilder / panoramas
1993	Stipendium Bildende Kunst (Fotografie), Senatsverwaltung für Kulturelle Angelegenheiten, Berlin / grant for Fine Arts (photography), Senate Administration of Cultural Affairs, Berlin
Seit 1993 / **since 1993**	längere Arbeitsaufenthalte im Ausland / longer periods spent working abroad

Gruppenausstellungen /
Group Exhibitions
(Auswahl / selected)

1987	»Herzschlag«, Kunsthaus Hamburg
1988	»Fotovision«, Sprengelmuseum Hannover (Katalog)
1989	»Photographie als Photographie«, Berlinische Galerie im Martin-Gropius-Bau (Katalog)
1991	»Interferenzen 1«, Riga
	»Interferenzen 2«, St. Petersburg
1992	»Berlin en bloc«, Centro Cultural Galileo, Madrid (Katalog)
1995	»Vom Umgang mit Veränderung«, NGBK Berlin (Katalog)
1996	»Noch nie gezeigt«, Berlinische Galerie im Martin-Gropius-Bau
1997	Landesmuseum Linköping & Darlanas Museum, Schweden

Einzelausstellungen /
Solo Exhibitions
(Auswahl / selected)

1986	»Spanische Schatten«, Kampnagelfabrik, Hamburg
1991	»La Palazzina«, Past Rays Gallery, Yokohama, Japan
1993	»Gedächtnis und Erinnerung«, Galerie Weisser Elefant, Berlin
1993	Fotoinstallation für Hotel Esplanade, Köln
1994	»Points of View«, Nikon Galerie, Zürich (Katalog)
1996	»Panoramas«, Art Forum Quito, Ecuador
1996	Galerie Antonio de Barnola, Barcelona
1996	»hier«, Fotoinstallationen im Hotel Esplanade (X. Internationale Fotoszene Köln)
1998	»playing life«, Galerie am Prater, Berlin

Alle Fotografien im Buch stammen aus den Jahren 1994 – 1998
All pictures date from the years 1994 – 1998

Umschlag und Gestaltung / cover and design
jovis Verlagsbüro und / and Sebastian Kusenberg

**Konzeptionelle Beratung und Gestaltung der Bilderbank /
conceptional advices and design of the image bank**
Katrin von Maltzahn, Berlin

Übersetzung / translation
Victor Dewsbery

Gesamtredaktion / editing
jovis Verlagsbüro

Lithographie / lithography
Blank & Reschke, Berlin

Druck und Bindung / printing and binding
DBC Druckhaus Berlin-Centrum, Berlin

jovis Verlagsbüro
Kurfürstenstraße 15/16
D – 10785 Berlin
Germany

ISBN 3-931321-56-8